Consommateurs 120 lettres Pour régler vos litiges

Patricia Gendrey

par

Agnès Chambraud

Albane Marmontel

Caroline Mazars

Édition 2017

prat éditions

Si vous désirez recevoir des informations sur nos publications, écrivez à :
Prat Éditions, Service lecteurs – CS 70011
28409 Nogent-le-Rotrou
Direction éditoriale : Anne-Laure Marie
Édition : Albane Marmontel
Relecture-correction : Marine De Percin
Création de couverture : Lise Brillaud
Composition : Nawshaba Imambaccus
Illustration : Gilles Rapaport

8, RUE ROUGET DE LISLE AXE SEINE – IMMEUBLE A
92442 ISSY-LES-MOULINEAUX CEDEX

ISBN : 978-2-8095-1136-9

AVANT-PROPOS

Pourquoi ne pas vous munir des meilleurs atouts pour avoir gain de cause et obtenir, sans perte inutile de temps et d'énergie, ce qui vous est dû ?

Combien de fois ne vous êtes-vous pas dit : « si j'avais commencé par envoyer un courrier bien rédigé et adressé à la bonne personne, je n'en serais pas là aujourd'hui... » ?

Quand on veut faire valoir ses droits, seuls les écrits ont valeur juridique, et les lettres efficaces font la différence !

Avec *120 lettres pour régler vos litiges*, vous serez mieux armé pour affronter un vendeur, un fournisseur d'accès à Internet, un entrepreneur de travaux ou une agence de voyages : comment annuler une vente, vous faire rembourser des arrhes, résilier un abonnement ou un service qui ne vous donne plus satisfaction, annuler un voyage avec ou sans assurance annulation...

Pour chaque situation qui nécessite l'envoi d'un courrier de votre part, vous avez à votre disposition **le bon modèle directement utilisable**, avec en plus les indications précises pour le remplir, les délais à respecter, la règle juridique applicable. Vous avez ainsi la garantie de bien personnaliser votre demande.

Muni de ce guide, vous aurez la certitude de pouvoir envoyer au bon moment **la lettre qui peut emporter la décision** et vous mettre à l'abri de bien des désagréments. De nombreux modèles **rédigés par des spécialistes et à jour de la réglementation la plus récente** (car la loi, comme chacun sait, change constamment) pour vous aider à vous tirer d'affaire en toutes circonstances.

Cet ouvrage vous rendra ainsi la vie plus facile !

Anne-Laure Marie

Directrice Prat éditions.

TABLE DES MATIÈRES

Annuler une vente

Annuler une vente à domicile pour absence de contrat

Quand utiliser ce modèle

Suite à un démarchage à domicile, vous avez souscrit un abonnement, commandé un produit ou sollicité une prestation de services (par exemple, la pose de volets roulants). Cependant, le vendeur ne vous a laissé aucun contrat. Vous annulez votre commande.

✉ *Recommandée avec avis de réception*

(*Nom*)
(*Adresse*)

(*Nom et adresse de la société*)

Lettre recommandée avec avis de réception

Objet : annulation de la vente à domicile

Ville, date

Madame, Monsieur,

Suite à la visite de l'un de vos démarcheurs à mon domicile, en date du (*date de la visite*), j'ai commandé (*nature de la commande : abonnement à une encyclopédie installation de fenêtres en PVC, ravalement de façades…*).

Or, il s'avère, contrairement aux dispositions du code de la consommation (articles L. 221-1 et suivants) qu'aucun contrat écrit n'a été établi. Je n'ai, en effet, rempli qu'un bon de commande que le vendeur a conservé, et aucune information ne m'a été fournie sur la possibilité de me rétracter.

Aussi, je vous informe que j'annule la commande passée.

Je vous prie d'agréer, Madame, Monsieur, l'expression de mes salutations distinguées.

Signature

La règle juridique

Le démarcheur doit obligatoirement vous informer sur le droit de rétractation de 14 jours dont vous disposez. Il lui appartient d'apporter la preuve que cette information vous a été fournie. Si cette information ne vous a pas été fournie, vous pouvez vous rétracter pendant 12 mois à compter de l'expiration du délai de rétractation initial. Toutefois, lorsque la fourniture de ces informations intervient pendant cette prolongation, le délai de rétractation expire au terme d'une période de 14 jours à compter du jour où vous avez reçu ces informations.

À défaut d'information sur cette possibilité de rétractation et ses conditions, le vendeur encourt une amende administrative d'un montant de 15 000 € s'il s'agit d'une personne physique et 75 000 € pour une personne morale (article L. 242-13 du Code de la consommation).

Annuler une vente à domicile pendant le délai de rétractation

Quand utiliser ce modèle

Suite à un démarchage à domicile, vous avez souscrit un abonnement, commandé un produit ou sollicité une prestation de services (par exemple, la pose de volets roulants). Après réflexion, vous estimez que c'est superflu. Vous annulez votre commande.

✉ *Recommandée avec avis de réception*

(*Nom*)
(*Adresse*)

(*Nom et adresse de la société*)

Lettre recommandée avec avis de réception

Objet : bon de rétractation

Ville, date

Je notifie par la présente ma rétractation du contrat portant sur la vente du bien (*préciser de quel bien il s'agit*).

(Ou)

Je notifie par la présente ma rétractation du contrat pour la prestation de services commandé (ou reçu) le (*date*).

Signature

Fait à (*ville*), le (*date*)

La règle juridique

Si à la suite d'un démarchage à domicile, vous avez commandé un produit ou sollicité une prestation de services (exemple : pose de volets roulants), sachez que vous avez la possibilité de revenir sur votre décision dans un délai de 14 jours (jours fériés compris) à compter de la date de la signature du contrat ; et ce, sans avoir à vous justifier.

Pour signifier votre renonciation, il vous suffit, soit de renvoyer le formulaire de rétractation détachable qui doit normalement figurer sur le bon de commande, soit d'envoyer à l'adresse indiquée une lettre de rétractation, en recommandé avec avis de réception. Si vous avez déjà payé tout ou partie de votre commande, le vendeur doit vous rembourser la totalité des sommes versées, y compris les frais de livraison, au plus tard dans les 14 jours à compter de la date à laquelle il a été informé de votre décision. Au-delà, les sommes dues sont de plein droit majorées :

– du taux d'intérêt légal si le remboursement intervient au plus tard dix jours après l'expiration des délais fixés ;
– de 5 % si le retard est compris entre dix et vingt jours ;

- de 10 % si le retard est compris entre vingt et trente jours ;
- de 20 % si le retard est compris entre trente et soixante jours ;
- de 50 % entre soixante et quatre-vingt-dix jours et de cinq points supplémentaires par nouveau mois de retard jusqu'au prix du produit, puis du taux d'intérêt légal.

Le mode de remboursement utilisé est le même que le paiement initial (chèque pour chèque) sauf si vous donnez votre accord exprès pour un autre mode de remboursement.

Vous ne pouvez obtenir le remboursement que des frais de livraison standard. Si vous avez opté pour un mode de livraison plus coûteux, le vendeur n'est pas tenu de vous rembourser ces frais supplémentaires.

Le démarcheur n'a pas le droit d'exiger le versement de tout ou partie du prix avant l'expiration d'un délai de 7 jours.

La charge de la preuve de l'exercice du droit de rétractation pèse sur le consommateur. Pensez à garder l'accusé de réception de votre courrier ou une preuve de remise en main propre de la lettre exprimant votre volonté de vous rétracter.

Annuler une vente à domicile pour abus de faiblesse

Quand utiliser ce modèle

Un démarcheur peu scrupuleux a profité de la faiblesse de votre grand-mère très âgée pour lui vendre un produit très cher dont elle n'a absolument pas besoin. Vous demandez l'annulation de la commande pour abus de faiblesse.

✉ *Recommandée avec avis de réception*

(*Nom*)
(*Adresse*)

(*Nom et adresse de la société*)

Lettre recommandée avec avis de réception

Objet : annulation d'une vente à domicile pour abus de faiblesse
Référence : (*numéro du bon de commande*)

Ville, date

Madame, Monsieur,

Le (*date*), l'un de vos démarcheurs, Monsieur (ou Madame) (*nom du démarcheur*) s'est rendu au domicile de ma grand-mère, Madame (*nom*), mal voyante et âgée de (*âge*) ans, pour lui vendre un ensemble home cinéma d'un montant de (*montant*) €.

Du fait de son grand âge (*ou décrire tout autre raison expliquant son état de faiblesse*), cette dernière n'était pas en mesure d'apprécier la portée de l'engagement qu'elle prenait.

Votre démarcheur a profité de la situation et s'est rendu coupable d'un abus de faiblesse, délit sanctionné par l'article L. 132-14 du Code de la consommation.

En conséquence, je vous demande d'annuler cette commande et de lui rembourser la somme de (*montant*) € qu'elle vous a versée.

Dans cette attente, je vous prie d'agréer, Madame, Monsieur, l'expression de mes salutations distinguées.

Signature

PJ : factures

La règle juridique

La loi protège les personnes en situation de faiblesse et qui ne sont pas en mesure d'apprécier la portée de leurs engagements. Cette faiblesse peut notamment résulter d'un âge avancé, d'un mauvais état de santé, d'une mauvaise compréhension de la langue française...

Aussi, le Code de la consommation prévoit des sanctions pénales envers quiconque profitera de la faiblesse d'autrui.

Par ailleurs, il est possible de demander l'annulation de la vente ou de la commande passée dans ces conditions ainsi que le remboursement des sommes déjà versées.

Retourner un produit (vente à distance)

Quand utiliser ce modèle

Vous avez commandé une table de cuisine par correspondance ou par Internet. Or, vous demandez un remboursement car le produit ne correspond pas à vos attentes.

✉ *Recommandée avec avis de réception*

(*Nom*)
(*Adresse*)

(*Nom et adresse de la société*)

Lettre recommandée avec avis de réception

Objet : retour d'un produit
Référence : (*numéro de la commande*)

Ville, date

Madame, Monsieur,

J'ai passé commande de (*nature de l'article*) qui m'a été livré(e) le (*date*). Je vous le retourne car il ne me convient pas. En conséquence, conformément à l'article L. 221-18 du Code de la consommation, je vous prie de bien vouloir me rembourser.

Je vous prie d'agréer, Madame, Monsieur, l'expression de mes salutations distinguées.

Signature

PJ : bon de commande et bon de livraison

La règle juridique

La loi vous autorise à retourner le produit dans les 14 jours à compter de la livraison. Le délai commence à courir à compter du jour de la réception du bien par vous-même ou un tiers. Si ce délai expire un samedi, un dimanche, un jour férié ou un jour chômé, il est prorogé jusqu'au premier jour ouvrable suivant.

L'entreprise doit vous rembourser dans un délai de 14 jours. Le professionnel peut différer le remboursement jusqu'à la récupération du bien ou jusqu'à ce vous lui ayez fourni la preuve du retour du bien.

Si le vendeur ne vous rembourse pas dans les délais prévus, les sommes dues, y compris les frais de livraison, sont de plein droit majorées :

- du taux d'intérêt légal si le remboursement intervient au plus tard dix jours après l'expiration des délais fixés ;
- de 5 % si le retard est compris entre dix et vingt jours ;
- de 10 % si le retard est compris entre vingt et trente jours ;
- de 20 % si le retard est compris entre trente et soixante jours ;

– de 50 % entre soixante et quatre-vingt-dix jours et de cinq points supplémentaires par nouveau mois de retard jusqu'au prix du produit, puis du taux d'intérêt légal.

En outre, le vendeur s'expose à une amende administrative dont le montant peut atteindre 75 000 €.

Le mode de remboursement utilisé est le même que le paiement initial (chèque pour chèque) sauf si vous donnez votre accord exprès pour un autre mode de remboursement.

Vous pouvez être remboursé uniquement des frais de livraison standard. Si vous avez opté pour un mode de livraison plus coûteux, le vendeur n'est pas tenu de vous rembourser ces frais supplémentaires.

Demander le remboursement du produit après l'avoir retourné (vente à distance)

Quand utiliser ce modèle

Vous avez retourné la table de cuisine que vous aviez commandée par correspondance, mais le professionnel tarde à vous rembourser.

✉ *Recommandée avec avis de réception*

(*Nom*)
(*Adresse*)

(*Nom et adresse de la société*)

Lettre recommandée avec avis de réception

Objet : demande de remboursement suite à un retour de produit
Référence : (*numéro de commande*)

Ville, date

Madame, Monsieur,

Par courrier en date du (*date de renvoi de la commande*), je vous ai retourné (*article renvoyé*) qui m'avait été livré le (*date de livraison*) et vous ai demandé de me rembourser la somme correspondante de (*montant*) euros.

J'ai ainsi exercé mon droit de rétractation conformément aux dispositions de l'article L. 221-18 du Code de la consommation.

Or, à ce jour, je n'ai toujours pas été remboursé(e).

Aussi, je vous mets en demeure de me rembourser cette somme de (*montant*) euros dans les plus brefs délais. À défaut la somme due sera majorée conformément à l'article L. 242-4 du Code de la consommation.

Comptant sur votre diligence, je vous prie d'agréer, Madame, Monsieur, l'expression de mes salutations distinguées.

Signature

La règle juridique

On ne vous a pas encore remboursé l'objet que vous avez renvoyé à son expéditeur.

Le professionnel doit vous rembourser le produit retourné dans les meilleurs délais et au plus tard dans les 14 jours suivant la date à laquelle vous avez exercé votre droit de rétractation.

Le professionnel peut différer le remboursement jusqu'à la récupération du bien ou jusqu'à ce vous lui ayez fourni la preuve du retour du bien.

Si le vendeur ne vous rembourse pas dans les délais prévus, les sommes dues, y compris les frais de livraison, sont de plein droit majorées :

– du taux d'intérêt légal si le remboursement intervient au plus tard dix jours après l'expiration des délais fixés ;
– de 5 % si le retard est compris entre dix et vingt jours ;
– de 10 % si le retard est compris entre vingt et trente jours ;
– de 20 % si le retard est compris entre trente et soixante jours ;
– de 50 % entre soixante et quatre-vingt-dix jours et de cinq points supplémentaires par nouveau mois de retard jusqu'au prix du produit, puis du taux d'intérêt légal.

En outre, le vendeur professionnel s'expose à une amende administrative dont le montant peut atteindre 75 000 €.

Le mode de remboursement utilisé est le même que le paiement initial (chèque pour chèque) sauf si vous donnez votre accord exprès pour un autre mode de remboursement.

Vous ne pouvez obtenir le remboursement que des frais de livraison standard. Si vous avez opté pour un mode de livraison plus coûteux, le vendeur n'est pas tenu de vous rembourser ces frais supplémentaires.

Si vous rencontrez des difficultés pour vous faire rembourser, vous pouvez alerter la Direction départementale de la protection des populations.

Demander le remboursement d'un produit non livré (vente à distance)

Quand utiliser ce modèle

Vous avez passé commande d'un produit par correspondance ou par Internet. Or, vous n'avez pas été livré alors que vous avez déjà enjoint le professionnel d'effectuer cette livraison.

✉ *Recommandée avec avis de réception*

(*Nom*)
(*Adresse*)

(*Nom et adresse de la société*)

Lettre recommandée avec avis de réception

Objet : demande de remboursement d'un produit non livré
Référence : (*numéro de la commande*)

Ville, date

Madame, Monsieur,

J'ai passé commande le (*date*) de (*article*). Or, je n'ai, à ce jour, pas reçu le produit commandé.

Je vous prie de bien vouloir noter que notre contrat est annulé et je vous mets en demeure de me rembourser l'intégralité des sommes dues dans les 14 jours qui suivent. À défaut cette somme sera majorée conformément à l'article L. 241-4 du Code de la consommation.

Je vous prie d'agréer, Madame, Monsieur, l'expression de mes salutations distinguées.

Signature

PJ : bon de commande

La règle juridique

La date ou le délai dans lequel le professionnel s'engage à vous livrer doit vous être précisée avant la conclusion du contrat. Si aucune date limite de livraison ne vous a été donnée, ou si vous n'avez pas convenu avec le professionnel d'une autre date de livraison, le vendeur ou le fournisseur doit vous livrer le bien ou exécuter la prestation de service au plus tard trente jours après la conclusion du contrat. Si le bien n'est pas livré ou la prestation de service n'est pas exécutée, vous pouvez demander la résolution de la vente et le remboursement des sommes versées après avoir enjoint le professionnel de vous livrer dans un délai supplémentaire raisonnable. À défaut de remboursement dans les 14 jours qui suivent la résolution du contrat, les sommes dues par le professionnel sont majorées de 10 % si le remboursement intervient au plus tard trente jours au-delà de ce terme, de 20 % jusqu'à soixante jours et de 50 % ultérieurement.

Annuler un achat (perte des arrhes)

Quand utiliser ce modèle

Vous avez acheté un article dans un magasin et vous souhaitez vous désister.

(*Nom*)
(*Adresse*)

(*Nom et adresse de la société*)
Service après-vente

Objet : désistement d'un achat

Ville, date

Madame, Monsieur,

En date du (*date*), j'ai commandé auprès de votre succursale le bien suivant (*nature du bien*) dont le prix s'élevait à (*montant*) €.

Lors de la commande, je vous ai versé à titre d'arrhes la somme de (*montant*) €.

À ce jour, je ne désire pas donner suite à mon engagement, conformément à l'article 1590 du Code civil.

Je vous prie d'agréer, Madame, Monsieur, l'expression de mes salutations distinguées.

Signature

La règle juridique

Si vous avez versé des arrhes lors d'une commande, vous pouvez vous désister mais vous perdrez la somme que vous avez versée.

Faire jouer le délai de rétractation

Quand utiliser ce modèle

Vous avez acheté un bien de consommation financé par un crédit. Vous souhaitez quelques jours plus tard vous rétracter.

✉ *Recommandée avec avis de réception*

(*Nom*)
(*Adresse*)

(*Nom et adresse de votre établissement financier*)

Lettre recommandée avec avis de réception

Objet : droit de rétractation
Référence : (*numéro de dossier*)

Ville, date

Madame, Monsieur,

J'ai signé un bon de commande le (*date*) pour un montant de (*montant*) €.

J'ai le même jour accepté l'offre préalable de crédit que me proposait votre établissement pour un montant de (*montant*) €, afin de financer cet achat.

Conformément à l'article L. 312-19 du Code de la consommation prévoyant une faculté de rétractation pendant un délai de 14 jours, je déclare renoncer à l'offre de crédit référencée ci-dessus.

Je vous prie d'agréer, Madame, Monsieur, l'expression de mes salutations distinguées.

Signature

La règle juridique

Vous pouvez mettre fin à votre engagement dans les quatorze jours à compter de la signature du contrat en renvoyant le coupon détachable joint à l'offre de crédit. Si toutefois ce coupon ne vous était pas remis, adressez alors ce courrier à l'organisme de prêt.

Dans le cas d'un crédit affecté, c'est-à-dire quand il est indiqué dans le contrat de vente d'un bien de consommation que l'achat est financé par un crédit, l'annulation du contrat de crédit entraîne l'annulation corrélative du contrat de vente.

Le délai de rétractation commence à courir le lendemain de la signature du contrat de prêt et s'achève 14 jours plus tard. Si ce dernier jour est un samedi, un dimanche, un jour férié ou un jour chômé, ce délai est prolongé jusqu'au premier jour ouvrable suivant.

Résilier un contrat ou un abonnement

Résilier un abonnement à un magazine

Quand utiliser ce modèle

Vous ne souhaitez pas poursuivre un abonnement.

✉ *Recommandée avec avis de réception*

(*Nom*)
(*Adresse*)

(*Nom et adresse du magazine*)

Lettre recommandée avec avis de réception

Objet : résiliation d'un abonnement
Référence : (*numéro d'abonné*)

Ville, date

Madame, Monsieur,

Abonné à votre revue (ou journal, ou magazine...) (*nom du magazine*) depuis (*durée*), je souhaite résilier de manière anticipée mon abonnement (certains motifs peuvent exonérer des frais de résiliation) au motif que (*motif de résiliation*).

ou

Je refuse de reconduire mon abonnement et je résilie donc ce dernier à l'échéance de mon contrat, soit le (*date de fin d'abonnement*)

Je vous prie d'agréer, Madame, Monsieur, l'expression de mes salutations distinguées.

Signature

La règle juridique

Lorsque la rupture au contrat d'abonnement est motivée par un motif légitime tel que mentionné dans le contrat, le professionnel résiliera spontanément l'abonnement souscrit.

En revanche, lorsque la rupture au contrat d'abonnement n'est pas motivée par un motif légitime tel que précisé dans les conditions générales de vente du contrat souscrit, il peut demander le règlement des sommes dues jusqu'à la fin du contrat ou la fin de la période initiale en cas de contrat à durée indéterminée. Dans ce dernier cas, le contrat pourra être résilié à tout moment, à la fin de la période initiale, par lettre recommandée avec avis de réception, au terme du délai de préavis prévu dans le contrat d'abonnement.

Le consommateur doit être informé, au plus tôt 3 mois avant le terme de la période l'autorisant à mettre fin au contrat et au plus tard 1 mois avant, de la possibilité de ne pas renouveler le contrat. La date limite de résiliation doit faire l'objet d'une information claire et compréhensible et figurer dans un encadré apparent. Cette information doit lui être délivrée par lettre nominative ou par un courrier électronique dédié à cet effet. Lorsque cette information ne lui a pas été adressée il peut mettre gratuitement un terme au contrat, à tout moment à compter de la date de reconduction.

Résilier un abonnement à la télévision par câble/satellite

Quand utiliser ce modèle

Votre père, qui était abonné à la télévision par câble ou par satellite, vient de décéder. Vous en informez la société et lui demandez de résilier l'abonnement.

✉ *Recommandée avec avis de réception*

(*Nom*)
(*Adresse*)

(*Nom et adresse de la société de télévision*)

Lettre recommandée avec avis de réception

Objet : résiliation d'un abonnement par (*câble/satellite*)
Référence : (*numéro de contrat*)

Ville, date

Madame, Monsieur,

Mon père, Monsieur (*nom*), qui s'était abonné à la télévision par (*câble/satellite*) auprès de votre société, vient de décéder.

En conséquence, je vous prie, par la présente, de bien vouloir procéder à la résiliation de son contrat n° (*numéro*), à compter (*d'aujourd'hui* – ou – *du jour* – s'il y a un délai de préavis à respecter-), conformément aux dispositions de l'article (*numéro de l'article*) des conditions générales d'inscription à vos services.

Par ailleurs, le règlement de l'abonnement se faisant par prélèvement automatique, je vous demande de faire le nécessaire afin d'interrompre définitivement tout prélèvement sur son compte.

Je vous remercie de m'accuser réception de la présente résiliation en me confirmant la date effective de sa prise d'effet.

Je vous prie d'agréer, Madame, Monsieur, l'expression de mes salutations distinguées.

Signature

PJ : copie de l'avis de décès

Résilier un abonnement à un club de sport

Quand utiliser ce modèle

Vous déménagez et vous ne pourrez pas continuer à fréquenter le club de sport auprès duquel vous aviez pris un abonnement d'une durée de deux ans. Vous l'informez de votre décision de résiliation.

✉ *Recommandée avec avis de réception*

(*Nom*)
(*Adresse*)

(*Nom et adresse du club de sport*)

Lettre recommandée avec avis de réception

Objet : résiliation d'un abonnement
Référence : (*numéro d'adhérent*)

Ville, date

Madame, Monsieur,

Le (*date*), j'ai souscrit un contrat d'abonnement auprès de votre club pour une durée de (*durée*). Or, je viens d'apprendre que je suis muté(e) à (*ville*) à compter du (*date*).

En conséquence, je vous prie de bien vouloir prendre acte de mon souhait de résilier mon abonnement, comme m'en donne la possibilité l'article (*numéro d'article*) des conditions générales.

Vous trouverez ci-joint une attestation de mon nouvel employeur.

Je vous prie d'agréer, Madame, Monsieur, l'expression de mes salutations distinguées.

Signature

PJ : attestation de votre nouvel employeur

La règle juridique

Avant de signer le contrat d'abonnement, lisez bien les conditions et les motifs de résiliation qui y sont précisés. Ainsi, certains contrats prévoient une possibilité de résiliation pour mutation professionnelle ou licenciement. En revanche, ils excluent la démission.

La Commission des clauses abusives recommande que tous les contrats proposés par des clubs de sport à but lucratif comportent une clause permettant « au consommateur, dans les contrats de longue durée (égale ou supérieure à six mois), de résilier unilatéralement le contrat lorsque pour des causes de santé ou professionnelles il est définitivement empêché de bénéficier des prestations de service du club de sport » (Recommandation n° 87-03 II).

Résilier le contrat d'entretien d'une chaudière

Quand utiliser ce modèle

Vous n'êtes pas satisfait des prestations du professionnel auprès duquel vous avez souscrit un contrat d'entretien. Vous résiliez votre contrat.

✉ *Recommandée avec avis de réception*

(*Nom*)
(*Adresse*)

(*Nom et adresse de la société chargée de l'entretien de votre chaudière*)

Lettre recommandée avec avis de réception

Objet : résiliation du contrat d'entretien
Référence : (*numéro de contrat*)

Ville, date

Madame, Monsieur,

Conformément à l'article L. 215-1 du Code de la consommation, vous auriez dû nous rappeler par écrit, au moins un mois avant le terme de la période nous permettant de refuser la reconduction, soit au plus tard le (*date*) de notre droit à ne pas reconduire le contrat en cours.

Dans la mesure où vous n'avez pas respecté cette réglementation, la loi nous donne la possibilité de mettre gratuitement un terme à ce contrat à tout moment.

Aussi, nous vous prions de prendre acte, par la présente, que nous ne désirons pas prolonger le contrat d'entretien de notre chaudière avec votre société, contrat qui prend fin le (*date*).

Par ailleurs, nous vous serions obligés de bien vouloir, à vos frais, faire en sorte de remettre la chaudière en l'état où elle était au début (visserie manquante suite aux différentes visites d'entretien).

Je vous prie d'agréer, Madame, Monsieur, l'expression de mes salutations distinguées.

Signature

La règle juridique

Lorsqu'il s'agit d'un contrat à tacite reconduction, le code de la consommation impose à tous les prestataires de services de rappeler à leurs clients, 1 à 3 mois avant la date limite de résiliation, qu'ils ont la possibilité de ne pas reconduire leur contrat. La date limite de résiliation doit faire l'objet d'une information claire et compréhensible et figurer dans un encadré apparent. Cette information doit être délivrée au client par lettre nominative ou par un courriel électronique dédié à cet effet. Les clients qui n'ont pas reçu cette information sont libres de résilier à tout moment et sans pénalité.

Résilier un contrat d'enseignement à distance

Quand utiliser ce modèle

Vous vous êtes inscrit à un cours de comptabilité par correspondance. N'étant plus en mesure de le suivre, vous résiliez le contrat passé avec l'établissement.

✉ *Recommandée avec avis de réception*

(*Nom*)
(*Adresse*)

(*Nom et adresse de l'établissement*)

Lettre recommandée avec avis de réception

Objet : résiliation du contrat d'enseignement à distance
Référence : (*référence de dossier*)

Ville, date

Madame, Monsieur,

Je vous notifie, par la présente, que je résilie le contrat signé le (*date*).

Je souhaite donc ne plus recevoir les formulaires de cours, dès réception de ce courrier. En outre, je vous prie de bien vouloir me rembourser le solde des sommes versées.

Je vous prie d'agréer, Madame, Monsieur, l'expression de mes salutations distinguées.

Signature

La règle juridique

Les articles L. 444-1 et suivants du Code de l'éducation réglementent les contrats conclus avec des établissements d'enseignement à distance. Le contrat ne peut être signé qu'après un délai de réflexion de 7 jours (article L. 444-8). Vous disposez ensuite d'un délai de 3 mois à compter de la signature pour résilier sans motif le contrat, en adressant à l'établissement une lettre recommandée avec avis de réception. L'établissement devra alors vous rembourser les sommes avancées. Il pourra toutefois retenir une indemnité qui ne peut être supérieure à 30 % du prix prévu au contrat.

Vous pourrez résilier votre contrat au-delà de 3 mois si vous pouvez invoquer un cas de force majeure vous empêchant de suivre les cours. Dans ce cas, la résiliation ne donne lieu à aucune indemnité.

L'établissement pourra vous facturer les fournitures adressées à votre domicile si elles ont été livrées au fur et à mesure de leur utilisation.

Résilier le contrat d'accès à Internet

Quand utiliser ce modèle

Quelle que soit la raison (accès peu performant, mauvaise assistance téléphonique...), vous voulez résilier votre contrat d'accès à Internet au profit d'un autre fournisseur.

✉ *Recommandée avec avis de réception*

(*Nom*)
(*Adresse*)

(*Nom et adresse de votre fournisseur d'accès*)

Lettre recommandée avec avis de réception

Objet : résiliation du contrat Internet
Référence : (*numéro du contrat*)

Ville, date

Madame, Monsieur,

Par la présente, je vous informe que je résilie mon contrat d'accès à Internet (*préciser le type de contrat en cours*), à partir du (*date*). Cette résiliation me paraît indispensable car (indiquer les raisons de cette résiliation si celle-ci est faite avant la date anniversaire du contrat). Comme vous le constaterez, je respecte la durée de préavis de (*durée*) prévue dans mon contrat (rappeler cette clause si la résiliation est faite à l'échéance et non par anticipation).

Conformément à la loi relative à l'informatique et aux libertés, je vous demande de bien vouloir supprimer toutes les informations relatives à mes coordonnées (bancaires, postales...) de vos fichiers.

Je vous signale également que je m'oppose à ce que vous utilisiez mes coordonnées personnelles à des fins de prospection commerciale.

Je vous prie d'agréer, Madame, Monsieur, l'expression de mes salutations distinguées.

Signature

La règle juridique

Toute souscription d'un contrat d'accès à Internet signifie obtention des conditions générales de service et des modalités de résiliation (par e-mail ou par lettre recommandée), des délais à respecter (avec ou non un préavis). Dans tous les cas, vous pouvez résilier ce contrat à la date anniversaire, chaque année. N'oubliez pas de respecter le préavis car il en existe presque toujours un. La résiliation par anticipation peut intervenir en cas de déménagement, d'inexécution par le fournisseur de ses obligations, etc.

Prenez connaissance des conditions générales de service qui font état des modalités de résiliation.

Résilier un abonnement de téléphone portable

Quand utiliser ce modèle

Vous souhaitez résilier votre abonnement de téléphone portable, votre contrat ayant été reconduit tacitement, sans que vous ayez été informé de la possibilité d'y mettre fin.

(*Nom*)
(*Adresse*)

(*Nom et adresse de votre opérateur téléphonique*)

Objet : résiliation d'un abonnement de téléphone portable
Référence : (*numéro de téléphone*)

Ville, date

Madame, Monsieur,

En date du (*date*), j'ai souscrit un abonnement auprès de votre société de téléphone mobile sous le numéro (*indiquer le numéro et les caractéristiques de votre abonnement*). Or, je souhaiterais aujourd'hui résilier ce contrat pour des raisons personnelles. Conformément à l'article (*numéro*) de ce contrat, celui-ci prendra fin à l'expiration du délai de (*délai)* après réception de cette lettre, soit le (*date du terme du contrat*).

Je vous prie d'agréer, Madame, Monsieur, l'expression de mes salutations distinguées.

Signature

La règle juridique

Vous devez vous conformer aux clauses de résiliation prévues au contrat. Si votre contrat fait l'objet d'une clause de tacite reconduction, vous devez être informé de la possibilité de ne pas reconduire votre contrat au plus tôt 3 mois ou au plus tard 1 mois avant la date butoir de résiliation. La date limite de résiliation doit faire l'objet d'une information claire et compréhensible et figurer dans un encadré apparent. Cette information doit vous être délivrée par lettre nominative ou par un courriel électronique dédié à cet effet. En l'absence de cette information, vous pourrez mettre un terme au contrat, à tout moment, à compter de la date de reconduction.

Si vous avez conclu un contrat sans durée imposée, vous pouvez résilier à tout moment sans avoir de pénalités à supporter.

Si vous vous êtes engagé pour une durée déterminée, qui ne peut toutefois pas dépasser 24 mois, et que vous résiliez avant la fin de la première année, l'opérateur de téléphonie mobile vous facturera l'ensemble des mensualités jusqu'au terme du contrat. Si vous résiliez au cours de la seconde année, l'opérateur de téléphonie mobile ne peut vous facturer que le quart des mensualités restantes.

La durée du préavis ne peut pas dépasser 10 jours à compter de la réception par l'opérateur de la demande de résiliation. Vous pourrez toutefois exiger un délai plus long, par exemple pour ne pas risquer de subir d'interruption de service entre les deux abonnements.

Résilier un abonnement de téléphone portable (téléphone non utilisable)

Quand utiliser ce modèle

Vous avez acheté un téléphone portable mais de retour chez vous, vous constatez que vous avez de grosses difficultés à émettre et recevoir des appels.

(*Nom*)
(*Adresse*)

(*Nom et adresse de votre opérateur téléphonique*)

Objet : résiliation d'un abonnement de téléphone portable
Référence : (*numéro de téléphone*)

Ville, date

Madame, Monsieur,

En date du (*date*), j'ai souscrit auprès de votre société un abonnement pour un téléphone mobile sous le numéro (*numéro et caractéristiques de votre abonnement*).

Malgré ce que vous m'aviez affirmé, ce téléphone ne capte pas à mon domicile ni dans mon jardin, je ne peux donc pas l'utiliser.

Aussi, je souhaiterais résilier ce contrat et annuler la vente. Bien entendu, je tiens l'appareil à votre disposition. Merci de m'indiquer les formalités de retour. En échange, je vous saurai gré de me rembourser l'ensemble des frais que j'ai supportés (*prix du téléphone et forfait*).

Je vous prie d'agréer, Madame, Monsieur, l'expression de mes salutations distinguées.

Signature

La règle juridique

Dès lors que votre téléphone présente un défaut vous pouvez vous prévaloir de la garantie des vices cachés et demander la résolution de la vente et donc la restitution des sommes versées. Il vous appartient toutefois sur ce fondement de prouver que le défaut existait lors de la vente.

Résilier un contrat avec une agence matrimoniale pour motif légitime

Quand utiliser ce modèle

Vous avez conclu un contrat avec une agence matrimoniale afin de rencontrer un compagnon (ou une compagne). Vous souhaitez, par la suite, résilier ce contrat.

✉ *Recommandée avec avis de réception*

(*Nom*)
(*Adresse*)

(*Nom et adresse de l'agence matrimoniale*)

Lettre recommandée avec avis de réception

Objet : résiliation du contrat pour motif légitime

Ville, date

Madame, Monsieur,

J'ai souscrit avec votre entreprise un contrat de « courtage » matrimonial le (*date*).

Je souhaite aujourd'hui résilier ce contrat pour un motif légitime. En effet, (indiquer le motif et joindre le justificatif).

Je vous remercie donc de me rembourser proportionnellement à la durée du contrat restant à courir, conformément à l'article 2 du décret du 16 mai 1990.

Je vous prie d'agréer, Madame, Monsieur, l'expression de mes salutations distinguées.

Signature

PJ : justificatif

La règle juridique

Vous pouvez résilier le contrat conclu avec l'agence matrimoniale si vous pouvez arguer d'un motif légitime. Il peut s'agir de votre mariage en cours de contrat, d'un accident ou d'une maladie grave, d'un changement de résidence ou encore parce que les personnes présentées ne correspondent pas aux critères que vous aviez fixés dans le contrat.

Les problèmes de la livraison

Contester une erreur de livraison (vente à distance)

Quand utiliser ce modèle

Une entreprise de vente à distance vous a livré un produit qui ne correspond pas à celui que vous avez commandé.

✉ *Recommandée avec avis de réception*

(*Nom*)
(*Adresse*)

(*Nom et adresse de la société*)

Lettre recommandée avec avis de réception

Objet : erreur de livraison
Référence : (*numéro de commande*)
Ville, date

Madame, Monsieur,

J'ai passé commande le (*date*) de (*article*). Or, j'ai reçu (*objet reçu*).

En conséquence, je vous renvoie l'objet non commandé.

Je vous prie donc de bien vouloir me livrer le (*article commandé*) et me rembourser les frais occasionnés par le retour du produit que vous m'avez envoyé par erreur.

Je vous prie d'agréer, Madame, Monsieur, l'expression de mes salutations distinguées.

Signature

PJ : bon de commande et bon de livraison

La règle juridique

Retournez le produit à l'entreprise et demandez-lui de vous rembourser les frais occasionnés. En effet, du fait de la mauvaise exécution du contrat que vous avez conclu avec l'entreprise en question, cette dernière doit prendre en charge les frais supplémentaires induits. L'entreprise peut même être condamnée, le cas échéant, à des dommages-intérêts, sauf cas de force majeure (Article 1231-1 du Code civil).

Demander le remboursement d'arrhes ou d'acomptes pour absence de livraison

Quand utiliser ce modèle

Vous avez acheté un article et le vendeur n'est pas en mesure de respecter le contrat (rupture de stock, arrêt de la fabrication du produit...). Vous n'avez toujours pas récupéré la somme que vous avez versée à la commande.

✉ *Recommandée avec avis de réception*

(*Nom*)
(*Adresse*)

(*Nom et adresse du magasin*)
Service après-vente

Lettre recommandée avec avis de réception

Objet : demande de remboursement suite à un défaut de livraison

Ville, date

Madame, Monsieur,

J'ai commandé les produits suivants (*produits achetés*) dont le prix total s'élevait à (*montant*) € et je vous ai versé, lors de la commande, la somme de (*montant*) € dont la nature n'était pas précisée.

Bien que votre service après-vente m'ait informé que le bien n'était plus disponible à la vente, vous ne m'avez pas encore remboursé la somme de (*montant*) € que je vous ai versée. Or l'article L. 214-1 du Code de la consommation prévoit que, à défaut de précision, les sommes versées sont réputées être des arrhes. Vous n'avez pas respecté les obligations qui s'imposent au vendeur, ce qui vous oblige à me restituer le double des arrhes versées.

Par la présente lettre de mise en demeure, je vous demande de me rembourser cette somme sous un délai de 15 jours. Faute de paiement, la somme due produira intérêt au taux légal conformément à l'article L. 214-2 du Code de la consommation.

Je vous prie d'agréer, Madame, Monsieur, l'expression de mes salutations distinguées.

Signature

La règle juridique

Selon la qualification de la somme versée (arrhe ou acompte), vos droits diffèrent. S'il s'agit d'un acompte, il n'y a pas de possibilité de désistement et si le vendeur ne peut vous livrer le bien commandé, il doit vous rembourser les sommes versées et éventuellement des dommages-intérêts. S'il s'agit d'arrhes, le vendeur peut se désister mais il doit vous rendre le double de ce que vous avez versé. À défaut de précision, toute somme versée d'avance est présumée être des arrhes.

Mettre en demeure de livrer

Quand utiliser ce modèle

Vous avez acheté auprès d'un professionnel un canapé qui n'a pas encore été livré. Vous exigez du vendeur qu'il respecte la date de livraison indiquée sur le contrat ou le bon de commande.

✉ *Recommandée avec avis de réception*

(*Nom*)
(*Adresse*)

(*Nom et adresse de la société*)

Lettre recommandée avec avis de réception

Objet : mise en demeure de livrer
Référence : (*numéro du bon de commande*)

Ville, date

Madame, Monsieur,

En date du (*date de la commande*), je vous ai passé commande d'un (d'une) (*préciser la nature de l'objet commandé, ses références exactes, ses caractéristiques telles qu'elles sont énumérées sur le bon de commande*). La livraison devait être effectuée le (*lieu, modalités et date de livraison prévus*). Or à ce jour, nous n'avons rien reçu. Compte tenu des dommages subis du fait de ce retard, je vous mets en demeure d'effectuer cette livraison dans les quinze jours à compter de la réception de la présente (ou d'annuler ma commande en me restituant la somme de (*montant*) € que je vous ai versée). Jusqu'à la livraison, vous serez considéré comme responsable des éventuels dommages que pourrait subir ce bien.

À défaut, nous engagerons immédiatement une procédure à votre encontre.

Je vous prie d'agréer, Madame, Monsieur, l'expression de mes salutations distinguées.

Signature

La règle juridique

Le consommateur peut obtenir le versement de dommages-intérêts à hauteur du préjudice subi du fait de l'inexécution du contrat (article 1231 du Code civil) dans les délais impartis.

Si le professionnel n'a pas respecté le délai de livraison, vous avez le choix entre deux possibilités :

- demander immédiatement l'annulation du contrat par lettre recommandée avec avis de réception si ce délai constitue pour vous une condition essentielle dont le vendeur a eu connaissance ;
- le mettre en demeure de vous livrer dans un délai raisonnable dans les autres cas.

Le contrat sera annulé dès la réception de la lettre par le vendeur, à moins que la livraison n'ait eu lieu entre temps.

Depuis le 13 juin 2014, le professionnel doit mentionner dans le contrat la date ou le délai auquel il s'engage à livrer le bien ou à exécuter la prestation de service.

Résilier un contrat en raison du retard de livraison

Quand utiliser ce modèle

Vous avez passé commande pour l'achat d'une voiture ou d'un bien. Le délai prévu dans le bon de commande a été dépassé.

✉ *Recommandée avec avis de réception*

(*Nom*)
(*Adresse*)

(*Nom et adresse du vendeur*)

Lettre recommandée avec avis de réception

Objet : résiliation d'un contrat pour retard de livraison
Référence : (*numéro du bon de commande*)

Ville, date

Madame, Monsieur,

J'ai signé un bon de commande le (*date*) pour l'achat de (*indiquer le type de bien*) que vous deviez me livrer le (*date de livraison*). Plusieurs jours se sont écoulés depuis la date prévue pour la livraison et je n'ai toujours pas pu prendre, à ce jour, possession du (*indiquer le type de bien*).

Conformément à l'article L. 216-2 du Code de la consommation, je vous prie de prendre note de ma décision de résilier le contrat.

Je vous remercie de me faire parvenir dans les plus brefs délais le montant de l'acompte que je vous ai versé à la commande soit au total (*montant*) €.

À défaut de paiement dans les 14 jours, la somme sera conformément à l'article L. 241-4 du Code de la consommation majorée de plein droit :

– de 10 % si votre remboursement intervient entre le 14e jour et le 30e jour ;
– de 20 % jusqu'à 60 jours ;
– de 50 % au-delà de 60 jours.

Je vous prie d'agréer, Madame, Monsieur, l'expression de mes salutations distinguées.

Signature

La règle juridique

Si le délai mentionné dans votre contrat n'est pas respecté, vous pouvez annuler ce contrat :

- soit immédiatement par l'envoi d'une lettre recommandée avec avis de réception au professionnel si la date de livraison est une condition essentielle dont le vendeur avait connaissance ;
- soit après l'envoi d'une lettre de mise en demeure fixant un délai raisonnable de livraison.

Si vous avez versé un acompte, cette somme doit être remboursée dans les 14 jours à compter de la résolution du contrat. Elle est majorée de plein droit de 10 % si le remboursement intervient entre le 14e jour et le 30e jour, de 20 % s'il intervient entre le 30e et le 60e jour et de 50 % au-delà du 60e jour.

Porter réclamation au transporteur en cas de livraison défectueuse

Quand utiliser ce modèle

L'objet que le livreur vous a remis est endommagé. Après avoir émis des réserves sur le bon de livraison, vous adressez une lettre de réclamation au transporteur.

✉ *Recommandée avec avis de réception*

(*Nom*)
(*Adresse*)

(*Nom et adresse du transporteur*)

Lettre recommandée avec avis de réception

Objet : réclamation pour livraison défectueuse
Référence : (*numéro du bon de livraison*)

Ville, date

Madame, Monsieur,

En date du (*date*), j'ai acheté, dans le magasin (*nom du magasin*), situé (*adresse du magasin*), un(e) (*nom de l'objet*).

Or, si vos transporteurs m'ont bien livré le produit, le (*date de livraison*), j'ai constaté, lors du déballage, qu'il était endommagé. En effet (*description précise du problème*). Je vous confirme, par la présente, les réserves que j'avais déjà émises sur le bon de livraison.

Selon l'article L. 133-1 du Code de commerce, vous êtes présumé responsable de ces dommages. Je vous demande donc de bien vouloir m'indiquer, rapidement, les suites que vous comptez donner à ce problème.

Je vous prie d'agréer, Madame, Monsieur, l'expression de mes salutations distinguées.

Signature

La règle juridique

Le vendeur a fait appel à un transporteur. À la remise du colis, ne signez pas le bon de livraison avant d'avoir vérifié le contenu du paquet. Si vous vous apercevez que l'objet commandé est endommagé, émettez des réserves précises et motivées (évitez les formules trop générales du type « sous réserve de déballage ») sur le formulaire. Le vendeur est responsable des dommages subis pendant le transport s'il choisit le transporteur. Sa responsabilité peut être mise en cause jusqu'au moment où vous prenez physiquement possession du bien.

En revanche, si vous choisissez vous-même le transporteur, vous ne pouvez engager la responsabilité du vendeur en raison du dommage subi pendant le transport. Dans ce cas, c'est le transporteur qui est responsable, vous pourrez vous retourner contre le transporteur mais non contre le vendeur.

Les problèmes liés aux travaux / à la construction d’une maison

Réagir à des dommages résultant de travaux

Quand utiliser ce modèle

Vous avez fait appel à une société pour des travaux de plomberie ou autres. Suite à ces travaux, des dégâts ont été causés.

☒ *Recommandée avec avis de réception*

(*Nom*)
(*Adresse*)

(*Nom et adresse de votre entrepreneur*)

Lettre recommandée avec avis de réception

Objet : constatation de dommages résultant de travaux

Ville, date

Madame, Monsieur,

À la suite de travaux de (*nature des travaux*) que vous avez effectués à mon domicile, j'ai eu à déplorer des dommages. En effet, (*nature de ces dommages*). Votre responsabilité contractuelle étant de fait engagée, je souhaite donc être indemnisé(e) du préjudice subi. Vous trouverez ci-joint la facture des réparations effectuées.

Je vous prie d'agréer, Madame, Monsieur, l'expression de mes salutations distinguées.

Signature

PJ : facture des réparations

La règle juridique

L'entrepreneur ou l'artisan qui engage sa responsabilité contractuelle doit vous verser des dommages-intérêts en réparation du préjudice subi.

Contester un dépassement de devis

Quand utiliser ce modèle

Vous avez demandé un devis à un artisan pour réaliser des travaux. Or, après exécution de ces travaux, l'artisan vous présente une facture d'un montant supérieur à celui prévu initialement.

✉ *Recommandée avec avis de réception*

(*Nom*)
(*Adresse*)

(*Nom et adresse de votre entrepreneur*)

Lettre recommandée avec avis de réception

Objet : contestation d'un dépassement de devis

Ville, date

Madame, Monsieur,

Le devis que vous m'avez adressé le (*date*) prévoyait pour les travaux de (*indiquer la nature des travaux*) une somme globale de (*montant*) €.

Or, je reçois une facture qui comporte un prix supérieur au montant fixé dans le devis initial. N'ayant pas demandé de travaux supplémentaires, rien ne justifie cette augmentation de prix.

Je vous rappelle qu'un devis signé a la valeur d'un contrat et qu'aux termes de l'article 1103 du Code civil « les contrats légalement formés tiennent lieu de loi à ceux qui les ont faits ».

En conséquence, je ne réglerai que la somme prévue dans le devis initial.

Je vous prie d'agréer, Madame, Monsieur, l'expression de mes salutations distinguées.

Signature

PJ :
– facture
– devis initial

La règle juridique

Le devis est généralement un document qui dresse une estimation du coût des travaux. Toutefois, si les parties (le consommateur et l'artisan) signent ce document, le devis est considéré comme un contrat et s'impose aux contractants. En conséquence, si le prix devait augmenter, en raison de travaux supplémentaires que l'artisan juge bon d'effectuer, il devra demander votre accord. Dans le cas contraire, c'est le montant prévu dans le devis initial qui sera à payer.

Contester des travaux réalisés sans accord préalable

Quand utiliser ce modèle

Vous avez remis votre appareil photo à un réparateur pour qu'il effectue un devis. Il a procédé à la réparation sans votre accord.

✉ *Recommandée avec avis de réception*

(*Nom*)
(*Adresse*)

(*Nom et adresse de votre artisan*)

Lettre recommandée avec avis de réception

Objet : contestation de travaux réalisés sans accord préalable

Ville, date

Madame, Monsieur,

Je vous ai demandé, le (*date*), d'effectuer un devis pour la réparation de (*objet et nature des travaux concernés*). Mais je ne vous ai aucunement donné mon consentement pour que vous réalisiez ces transformations.

Ainsi, conformément à la législation, je suis en droit de refuser de régler la facture que vous m'avez présentée pour la réalisation de ces travaux.

Je vous prie d'agréer, Madame, Monsieur, l'expression de mes salutations distinguées.

Signature

PJ : facture

Faire une réclamation pour des travaux non achevés

Quand utiliser ce modèle

Vous avez fait appel à une entreprise pour réaliser des travaux. Or, l'artisan abandonne le chantier sans avoir exécuté la totalité des travaux. Vous souhaitez l'obliger à réaliser ce qui était convenu.

✉ *Recommandée avec avis de réception*

(*Nom*)
(*Adresse*)

(*Nom et adresse de l'entreprise chargée des travaux*)

Lettre recommandée avec avis de réception

Objet : réclamation pour des travaux non achevés

Ville, date

Madame, Monsieur,

Nous vous avons réglé la somme de (*montant*) € pour la réalisation de travaux dans notre appartement, conformément au devis que vous nous avez établi.

À ce jour, vous n'avez effectué qu'une partie des travaux payés. En dépit de nos nombreux appels téléphoniques, nous restons sans nouvelles de votre part.

Je vous mets donc, par la présente, en demeure d'exécuter les travaux. À défaut, nous serons contraints de saisir le tribunal pour obtenir l'autorisation de faire appel à une autre entreprise qui effectuera les travaux à vos frais.

Je vous prie d'agréer, Madame, Monsieur, l'expression de mes salutations distinguées.

Signature

La règle juridique

Conformément aux dispositions de l'article 1103 du Code civil : « les conventions légalement formées tiennent lieu de loi à ceux qui les ont faites. » L'artisan est donc tenu de réaliser les travaux prévus au contrat. Dans le cas contraire, vous pouvez demander au tribunal, par voie de référé (procédure d'urgence), l'autorisation de faire réaliser ces travaux par une autre entreprise et aux frais de l'entreprise défaillante. De même, si vous avez subi un préjudice du fait du retard ou de l'inexécution partielle des travaux, vous pouvez demander, en vertu de l'article 1231-1 du Code civil, des dommages-intérêts.

Consigner une somme d'argent suite à des réserves

Quand utiliser ce modèle

L'entrepreneur chargé de la construction de votre maison vous convoque pour la réception des travaux. Vous émettez, à cette occasion, des réserves.

✉ *Recommandée avec avis de réception*

(*Nom*)
(*Adresse*)

(*Nom et adresse du constructeur*)

Lettre recommandée avec avis de réception

Objet : consigne d'argent suite à des réserves
Référence : (*numéro de dossier*)

Ville, date

Madame, Monsieur,

J'ai émis, lors de la réception des travaux de ma maison, des réserves qui figurent sur le procès-verbal de réception.

Je vous informe à cet égard que je vais consigner le solde du prix chez Maître (*nom*), domicilié (*adresse*), jusqu'à la levée des réserves.

Par ailleurs, désireux de prendre possession de ma maison, je vous prie de bien vouloir me remettre les clefs dans les plus brefs délais conformément à l'article L. 231-3 e) du Code de la construction et de l'habitation.

Je vous prie d'agréer, Madame, Monsieur, l'expression de mes salutations distinguées.

Signature

La règle juridique

La réception des travaux est une étape importante car elle constitue le point de départ des garanties qui couvrent la construction de votre maison. Vous devez donc prendre très au sérieux cette étape. C'est la raison pour laquelle vous devez indiquer tous les détails qui ne vous semblent pas parfaitement concorder avec l'idée que vous vous faites d'un travail soigné. Toutes les réserves que vous formulez devront figurer sur un procès-verbal. Vérifiez donc que le constructeur les mentionne toutes, dans le cas contraire, refusez de signer le procès-verbal.

Vous êtes en droit, en fonction du contrat que vous avez signé, de consigner 5 %de retenue de garantie. Dans ce cas, le constructeur ne peut pas refuser de vous remettre les clefs, sauf si votre présence constitue une gêne pour la poursuite des travaux.

Contester l'augmentation du prix de construction d'une maison individuelle

Quand utiliser ce modèle

Vous avez signé un contrat de construction d'une maison individuelle. L'entrepreneur vous demande un supplément de prix.

✉ *Recommandée avec avis de réception*

(*Nom*)
(*Adresse*)

(*Nom et adresse de l'entrepreneur*)

Lettre recommandée avec avis de réception

Objet : contestation de l'augmentation du prix

Ville, date

Madame, Monsieur,

Vous m'avez adressé le (*date de réception*) un courrier m'indiquant que vous souhaitiez augmenter le prix convenu dans le contrat de construction que nous avons conclu.

1re hypothèse : contrat de construction avec fourniture de plan. Or, je tiens à vous rappeler que, conformément aux articles L. 231-1 et L. 231-2 du Code de la construction et de l'habitation, le prix convenu est forfaitaire et définitif.

2e hypothèse : contrat de construction sans fourniture de plan. En vertu de l'article L. 232-1 et L. 232-2 du Code de la construction et de l'habitation, le prix convenu ne peut être augmenté que dans les conditions prévues au contrat. Or, l'accord que j'ai signé ne prévoyait pas une révision de prix dans le cas de (*nature des travaux pour lesquels une augmentation est demandée*).

En conséquence, je refuse de verser un supplément de prix.

Je vous prie d'agréer, Madame, Monsieur, l'expression de mes salutations distinguées.

Signature

La règle juridique

Dans le cas des contrats de construction de maison individuelle, la législation est différente selon que l'entrepreneur fournit ou non un plan :

– s'il fournit un plan, l'entrepreneur ne peut absolument pas demander une augmentation de prix. Il s'agit, en l'espèce, d'un prix global, forfaitaire et définitif. Aucun supplément de prix ne peut donc être demandé sous aucun prétexte : une augmentation des matériaux, de la main-d'œuvre ou une mauvaise appréciation de l'importance des travaux (Cour de cassation, 3e chambre civile, 20 janvier 1993, RDI 1993, p. 390). Une révision de prix est toutefois possible si le contrat prévoit la révision du prix, et ce dans les conditions prévues à l'article L. 231-11 du Code de la construction et de l'habitation (voir a) et b) de cet article) ;

- s'il ne fournit pas de plan, l'entrepreneur peut demander une augmentation du prix dans les conditions prévues au contrat.

Refuser le paiement de travaux supplémentaires pour erreur de conception

Quand utiliser ce modèle

Une erreur dans les plans établis par votre architecte occasionne des frais supplémentaires. Vous demandez à l'architecte de les prendre en charge.

✉ *Recommandée avec avis de réception*

(*Nom*)
(*Adresse*)

(*Nom et adresse de l'architecte*)

Lettre recommandée avec avis de réception

Objet : refus de payer

Ville, date

Madame, Monsieur,

Je vous informe par la présente d'une erreur de conception lors de l'établissement des plans de ma maison.

Par conséquent, l'entrepreneur est dans l'impossibilité de poursuivre les travaux de (*indiquer sur quoi porte l'erreur de conception*) d'après vos plans.

Des travaux de modification s'imposant, je vous demande de supporter les frais supplémentaires. Vous trouverez ci-joint le devis de l'entrepreneur.

Je vous prie d'agréer, Madame, Monsieur, l'expression de mes salutations distinguées.

Signature

PJ : devis de l'entrepreneur

La règle juridique

L'architecte est responsable de la conception des plans d'une maison ou d'un immeuble. Si l'entrepreneur doit modifier les travaux en raison d'une erreur de conception, vous devez en informer l'architecte.

L'architecte est obligatoirement assuré pour couvrir l'ensemble des actes engageant sa responsabilité professionnelle (par exemple, dommages causés à une tierce personne, malfaçons dont il est reconnu responsable, etc.).

Contester le retard de livraison d'une maison individuelle

Quand utiliser ce modèle

Vous avez conclu un contrat de construction avec un entrepreneur. Celui-ci ne peut plus poursuivre l'exécution du chantier car il est placé en liquidation judiciaire. Le chantier a donc été abandonné et il s'ensuit un retard de livraison donnant lieu à des pénalités de retard. Or, le garant ne vous verse pas les pénalités dues.

✉ *Recommandée avec avis de réception*

(*Nom*)
(*Adresse*)

(*Nom et adresse du garant*)

Lettre recommandée avec avis de réception

Objet : contestation du retard de livraison d'une maison individuelle

Ville, date

Madame, Monsieur,

Suite à la défaillance de l'entreprise (*nom du constructeur*) avec laquelle j'avais passé un contrat, vous avez été appelé en garantie afin d'exécuter les obligations du constructeur.

Le chantier devait être terminé le (*date initiale*). Or, le terme a été dépassé de (*durée du dépassement du délai*). En conséquence, conformément à l'article L. 231-6 c) du Code de la construction et de l'habitation, vous devez en votre qualité de garant payer le montant des pénalités de retard prévues au contrat.

Je vous remercie donc d'exécuter vos obligations. À défaut, je me verrais dans l'obligation de saisir le tribunal en vue d'obtenir des dommages-intérêts en réparation du préjudice subi.

Je vous prie d'agréer, Madame, Monsieur, l'expression de mes salutations distinguées.

Signature

La règle juridique

Depuis la loi du 19 décembre 1990, les constructeurs de maison individuelle sur catalogue doivent avoir un garant. Ainsi, en cas de défaillance du constructeur, c'est au garant d'achever les travaux de construction et de payer les pénalités forfaitaires en cas de retard de livraison excédant 30 jours. Le garant peut être un établissement de crédit, une société de financement ou une entreprise d'assurances agréés.

Demander au constructeur une attestation de garantie lors de la signature du contrat, pour vous assurer que la construction sera achevée même en cas de défaillance du constructeur.

Faire constater des malfaçons à la suite de travaux

Quand utiliser ce modèle

À l'issue de travaux, vous remarquez une ou plusieurs malfaçons dans l'ouvrage. Vous pouvez en informer le constructeur et lui demander d'effectuer les réparations nécessaires.

✉ *Recommandée avec avis de réception*

(*Nom*)
(*Adresse*)

(*Nom et adresse du constructeur*)

Lettre recommandée avec avis de réception

Objet : constatations de malfaçons à la suite de travaux

Ville, date

Madame, Monsieur,

Par contrat en date du (*date de signature du contrat de travaux*), vous avez effectué des travaux de (*nature des travaux*) chez moi. Après inspection des travaux terminés, j'ai pu constater une (ou plusieurs) malfaçon(s).

En effet, (*décrire les malfaçons constatées*).

En vertu de la garantie de parfait achèvement énoncée à l'article L. 111-20-2 du Code de la construction et de l'habitation, je vous demande donc de venir constater vous-même les malfaçons et d'effectuer les travaux de réparation qui s'imposent.

Je vous prie d'agréer, Madame, Monsieur, l'expression de mes salutations distinguées.

Signature

PJ : copie du contrat de travaux

La règle juridique

Après exécution des travaux, l'entrepreneur (ou constructeur) reste tenu, pendant un an à compter de la réception des travaux, de la garantie de parfait achèvement. Cela signifie que si, au cours de l'année suivant la fin des travaux, vous constatez des malfaçons, vous devez les signaler au constructeur qui est obligé d'exécuter des travaux de réparation. Sachez que toute clause excluant cette garantie n'est ni valable, ni légale. De même, vous ne pouvez faire intervenir une autre entreprise qu'après avoir assigné en justice celle qui est responsable des désordres ayant été constatés.

Signaler le non-respect des normes d'isolation phonique

Quand utiliser ce modèle

Vous venez de prendre possession de votre nouvel appartement. Vous constatez qu'il n'est pas conforme aux normes d'isolation phonique.

✉ *Recommandée avec avis de réception*

(*Nom*)
(*Adresse*)

(*Nom et adresse du vendeur*)

Lettre recommandée avec avis de réception

Objet : non-respect des normes d'isolation phonique

Ville, date

Madame, Monsieur,

Par contrat de vente signé le (*date*), j'ai acheté un appartement en état futur d'achèvement sis au (*adresse*).

J'ai pris possession de ce logement le (*date*).

Je constate qu'il est très bruyant et qu'il ne répond donc pas aux prescriptions légales ou réglementaires en matière d'isolation phonique.

Je me permets de vous rappeler qu'en vertu des dispositions de l'article L. 111-11 du Code de la construction et de l'habitation, le vendeur est garant, à l'égard du premier occupant, de la conformité du logement aux exigences minimales en matière d'isolation phonique et ce, pendant un an à compter de la prise de possession.

En conséquence, je vous demande donc de prendre les mesures qui s'imposent dans les plus brefs délais.

Je vous prie d'agréer, Madame, Monsieur, l'expression de mes salutations distinguées.

Signature

La règle juridique

Le vendeur ou promoteur d'un immeuble doit garantir au premier occupant d'un logement situé dans cet immeuble, pendant 1 an à compter de la prise de possession, que l'immeuble répond aux règles en matière d'isolation phonique.

Déclarer un sinistre au constructeur

Quand utiliser ce modèle

Si au cours des dix années suivant des travaux de construction vous observez des désordres, vous pouvez écrire au constructeur pour lui demander de les réparer.

✉ *Recommandée avec avis de réception*

(*Nom*)
(*Adresse*)

(*Nom et adresse du constructeur*)

Lettre recommandée avec avis de réception

Objet : déclaration d'un sinistre

Ville, date

Madame, Monsieur,

Par contrat en date du (*date de signature du contrat de construction*), vous avez exécuté la construction d'une maison (ou autre) dont je suis propriétaire.

Or, j'ai remarqué récemment des désordres qui menacent la solidité de l'ouvrage (*décrire le type de désordre, par exemple : des fissures*).

Je vous demande donc, en application de l'article L. 111-13 du Code de la construction et de l'habitation, de venir constater vous-même le dommage et d'effectuer les travaux de réparation qui s'imposent.

Je vous prie d'agréer, Madame, Monsieur, l'expression de mes salutations distinguées.

Signature

La règle juridique

À l'issue de travaux de construction, le constructeur de l'ouvrage reste tenu, pendant un délai de dix ans, des dommages qui affectent la solidité de l'ouvrage. Les travaux concernés sont tous les travaux immobiliers supposant des fondations ou des travaux d'implantation du sol. Si, au cours de ce délai, vous observez des dommages qui affectent l'ouvrage (par exemple, une fissure qui porte atteinte à la solidité de l'ouvrage), vous pouvez exiger du constructeur, sur qui pèse une présomption de responsabilité, des travaux de réparation.

Le paiement de la garantie

Demander une facture

Quand utiliser ce modèle

Vous avez réglé divers achats mais le vendeur a oublié de vous délivrer une facture.

(*Nom*)
(*Adresse*)

(*Nom et adresse du vendeur)*

Objet : demande de facture

Ville, date

Madame, Monsieur,

Le (*date*), j'ai acheté dans votre magasin divers produits (*faire la liste de vos achats*). Ces achats ont été réglés par chèque n° (*numéro du chèque*).

Aucune facture n'a été établie, aussi je vous saurai gré de réparer cet oubli en me l'adressant par courrier.

Je vous prie d'agréer, Madame, Monsieur, l'expression de mes salutations distinguées.

Signature

La règle juridique

Pour toutes les prestations de services réalisées pour des particuliers et d'un montant supérieur à 25 € TTC ou lorsque le client la réclame, le professionnel est tenu de vous remettre une facture sur laquelle apparaissent : les coordonnées du prestataire ; la date de rédaction de la facture ; les date et lieu d'exécution de la prestation ; le décompte détaillé, en quantité et en prix, de chaque prestation et produit fournis ou vendus ; la somme totale à payer hors taxes et toutes taxes comprises ; le nom du client (sauf opposition de celui-ci).

La note doit être délivrée dès que la prestation a été rendue, et en tout état de cause avant le paiement du prix.

Le décompte détaillé est facultatif si la prestation a donné lieu, préalablement à son exécution, à l'établissement d'un devis descriptif et détaillé, accepté par le client et conforme aux travaux effectués.

La note doit être établie en double exemplaire, l'original étant remis au client.

Le délai de conservation des factures varie en général de 1 an à 10 ans en fonction des produits (par exemple, 1 an pour le petit électroménager, 2 ans pour le gros électroménager) et selon la nature du document ou de son support. Il est conseillé de les conserver au-delà de ce délai de garde pour pouvoir les utiliser comme mode de preuve devant les tribunaux en cas de litiges.

Contester une facture

Quand utiliser ce modèle

À la réception de la facture de l'artisan, la somme à régler vous semble excessive comparativement aux travaux qui ont été effectués. Vous voulez contester le montant de cette facture.

✉ *Recommandée avec avis de réception*

(*Nom*)
(*Adresse*)

(*Nom et adresse de votre entrepreneur*)

Lettre recommandée avec avis de réception

Objet : contestation d'une facture

Ville, date

Madame, Monsieur,

J'ai fait appel à vous le (*date*) pour (*indiquer les motifs*). À cette occasion, vous avez diligenté l'un de vos employés afin de procéder aux réparations.

J'ai reçu, par la suite, une facture qui semblait exagérément élevée au regard de la nature des travaux effectués et du temps passé. En conséquence je souhaite que vous émettiez une nouvelle facture proportionnée, cette fois, au travail exécuté.

Dans l'hypothèse où nous ne pourrions pas régler ce différend à l'amiable, je me verrais dans l'obligation de porter plainte auprès du procureur de la République et d'informer la Direction départementale de la protection des populations de vos agissements.

Je vous prie d'agréer, Madame, Monsieur, l'expression de mes salutations distinguées.

Signature

PJ :
– facture
– devis d'un autre entrepreneur (le cas échéant)

La règle juridique

Avant tout, faites établir un devis par un autre artisan que vous joindrez éventuellement à la lettre recommandée que vous adresserez à l'entrepreneur. Si vous n'obtenez pas satisfaction, déposez une plainte auprès du procureur de la République et informez la Direction départementale de la protection des populations. Il vous faudra alors démontrer que le professionnel a abusé de la situation (par exemple, vous aviez une fuite d'eau importante. Pour les travaux réalisés dans le secteur du bâtiment et de l'électroménager, le dépanneur ou le réparateur doit vous remettre un devis préalablement à l'exécution des travaux lorsque le montant de la prestation est supérieur à 150 €.

Faire jouer la garantie contractuelle

Quand utiliser ce modèle

Vous avez acheté un appareil électroménager et celui-ci est continuellement en panne.

✉ *Recommandée avec avis de réception*

(*Nom*)
(*Adresse*)

(*Nom et adresse du vendeur*)

Lettre recommandée avec avis de réception

Objet : demande d'application de la garantie contractuelle

Ville, date

Madame, Monsieur,

J'ai acheté le (date) un(e) (*nom de l'appareil).* Cet appareil est tombé en panne (*ou présente de nombreux dysfonctionnements limitant son utilisation : expliquer la nature de ces dysfonctionnements*).

1re hypothèse : en dépit de mes demandes répétées, vous avez refusé de le réparer.

2e hypothèse : en dépit des nombreuses réparations que vous avez effectuées sur cet appareil, celui-ci est régulièrement en panne.

Je vous mets donc en demeure de le réparer de façon définitive ou, à défaut, de m'échanger ce (*nom de l'appareil*) contre un appareil en état de fonctionnement, conformément à l'article n° (*numéro de l'article*) des conditions générales de vente.

Si je n'obtiens pas satisfaction dans les quinze jours, je me verrais dans l'obligation de saisir la juridiction compétente et de demander des dommages-intérêts.

Je vous prie d'agréer, Madame, Monsieur, l'expression de mes salutations distinguées.

Signature

La règle juridique

Les acheteurs bénéficient tous des garanties légales. Toutefois, de nombreux contrats de vente prévoient l'application d'une garantie contractuelle plus avantageuse que celle prévue par la loi. Si le vendeur n'applique pas la garantie prévue au contrat, vous pouvez le mettre en demeure d'exécuter son obligation contractuelle. À défaut, vous pourrez retirer un formulaire d'injonction de faire auprès du tribunal d'instance de votre domicile afin que le juge l'enjoigne d'exécuter son obligation.

Sachez toutefois qu'à défaut de garantie contractuelle, vous bénéficiez d'une garantie minimale édictée par la loi. Vous pouvez ainsi agir sur le fondement de l'action en garantie des vices cachés prévue par les articles 1641 et suivants du Code civil. Trois conditions doivent être réunies :

- vous devez agir dans un délai de deux ans à compter de la découverte du vice ;
- le vice ne devait pas être apparent au moment de l'achat ;

– le vice doit rendre la chose impropre à l'usage auquel on la destine ou diminue tellement cet usage que l'acheteur ne l'aurait pas acquise, ou n'en aurait donné qu'un moindre prix, s'il les avait connus.

Si vous réunissez ces conditions, vous pourrez demander au vendeur la restitution d'une partie du prix, si vous souhaitez conserver l'appareil ; ou alors le remboursement pur et simple, si vous désirez rendre l'appareil. De plus, si le vendeur connaissait le vice affectant l'appareil, vous êtes en droit de demander des dommages-intérêts.

Vous pouvez également agir sur le fondement de l'action en garantie légale de conformité prévue par les articles L. 217-4 et suivants du Code de la consommation.

Ces textes prévoient que le vendeur est tenu de livrer un bien conforme au contrat et qu'il répond des défauts de conformité lors de la délivrance.

Pour être conforme, le bien doit être propre à l'usage habituellement attendu d'un bien semblable.

Depuis le 18 mars 2016, si le défaut apparaît dans les deux ans qui suivent son achat, ce défaut est présumé exister lorsque vous l'avez acheté et vous n'aurez pas alors à rapporter qu'il existait au moment de la vente.

En cas de défaut de conformité, vous pouvez choisir entre la réparation du bien ou son remplacement.

Le vendeur peut toutefois s'y opposer si ce choix représente un coût disproportionné par rapport à l'autre modalité. Mais il ne peut s'exonérer de sa responsabilité et il choisit de procéder soit au remplacement, soit à la réparation de l'objet.

Soyez vigilant à ne pas souscrire d'assurance complémentaire inutile car vous bénéficiez de droit désormais de deux ans de garantie, à la charge du vendeur. Cette garantie couvre tous les défauts de conformité du bien existant à votre commande et permet d'obtenir le remboursement ou la réparation du bien défectueux.

Les conditions générales de vente doivent vous renseigner sur la garantie de conformité.

Demander la prolongation de la garantie suite à des réparations

Quand utiliser ce modèle

Vous avez acheté un appareil sous garantie qui est tombé en panne.

✉ *Recommandée avec avis de réception*

(*Nom*)
(*Adresse*)

(*Nom et adresse du vendeur*)

Lettre recommandée avec avis de réception

Objet : demande de prolongation de garantie suite à des réparations

Ville, date

Madame, Monsieur,

J'ai acheté le (*date*) dans votre magasin un(e) (*nom de l'appareil*) bénéficiant d'une garantie contractuelle de (*durée*).

Suite à une panne, j'ai remis l'appareil à votre service après -vente aux fins de le réparer. Il (*nom de l'appareil*) est resté immobilisé (*nombre de jours*) jours.

En conséquence, je vous demande, conformément à l'article L. 217-16 du Code de la consommation, de prolonger la durée de la garantie d'autant.

En l'absence de réponse de votre part, je considérerai la prolongation acquise.

Je vous prie d'agréer, Madame, Monsieur, l'expression de mes salutations distinguées.

Signature

La règle juridique

Si votre appareil est resté immobilisé au moins 7 jours suite à des réparations, vous êtes en droit de demander une prolongation de garantie équivalente à la durée d'immobilisation.

La date à prendre en compte pour calculer cette prolongation est la date de demande d'intervention ou la date de mise à disposition pour réparation de l'appareil si celle-ci est postérieure à la première.

Mettre en demeure de payer

Quand utiliser ce modèle

En dépit de nombreuses relances téléphoniques, vous ne parvenez pas à obtenir la somme que vous doit votre débiteur.

✉ *Recommandée avec avis de réception*

(*Nom*)
(*Adresse*)

(*Nom et adresse de votre débiteur*)

Lettre recommandée avec avis de réception

Objet : mise en demeure de payer

Ville, date

Madame, Monsieur,

Le contrat que nous avons signé (ou la reconnaissance de dettes que vous avez signée), en date du (*date*), laisse apparaître que vous me devez la somme de (*montant*) €.

Je vous saurais donc gré de me régler cette somme sous huitaine à compter de la réception de cette lettre. À défaut, je me verrais dans l'obligation de porter cette affaire en justice et de prendre toutes mesures propres à sauvegarder mes droits.

En conséquence, je vous prie de considérer la présente comme une mise en demeure de nature à faire courir tous délais, intérêts et autres conséquences que la loi (en particulier, l'article 1231-6 du Code civil) et les tribunaux attachent à cet acte.

Je vous prie d'agréer, Madame, Monsieur, l'expression de mes salutations distinguées.

Signature

PJ : copie du contrat ou de la reconnaissance de dettes

La règle juridique

Vous devez impérativement adresser à votre débiteur une lettre de mise en demeure afin de faire courir les intérêts au taux légal (4,35 % pour le 2e semestre 2016). En outre, ce courrier est indispensable, car juridiquement vous ne pouvez pas vous plaindre d'un préjudice causé par le retard de paiement si vous ne mettez pas en demeure le débiteur de payer.

En l'absence de réponse du débiteur, il vous faudra saisir le tribunal d'instance ou la juridiction de proximité par la voie de l'injonction de payer ou par déclaration au greffe si votre demande ne dépasse pas 4 000 € ou par le biais d'une assignation au-delà.

Afin d'éviter une lettre de mise en demeure, vous pouvez prévoir dans le contrat mentionnant la dette que le débiteur sera mis en demeure par la seule échéance du terme.

Refuser de payer par chèques postdatés

Quand utiliser ce modèle

Lors de l'achat de votre salle à manger, le commerçant vous a proposé de payer en signant plusieurs chèques postdatés.

✉ *Recommandée avec avis de réception*

(*Nom*)
(*Adresse*)

(*Nom et adresse du vendeur*)

Lettre recommandée avec avis de réception

Objet : refus de payer par chèques postdatés
Référence : (*numéro du bon de commande*)

Ville, date

Madame, Monsieur,

Le (*date*) dernier, j'ai passé commande d'un (*produit commandé*) dans votre magasin de (*ville*).

Conformément à votre proposition, j'ai payé la somme de (*montant*) €, soit la totalité de la facture, en établissant trois chèques postdatés.

Depuis, j'ai appris qu'il était interdit de postdater un chèque et que je n'avais aucune garantie quant à la promesse que vous m'avez faite de déposer ultérieurement ces chèques à la banque.

Par conséquent, je vous prie de reconsidérer notre transaction dans la mesure où vous pourrez m'offrir un mode de règlement échelonné dans le temps, fiable et sans frais supplémentaires. À défaut, veuillez annuler ma commande et me retourner les trois chèques postdatés.

Je vous prie d'agréer, Madame, Monsieur, l'expression de mes salutations distinguées.

Signature

La règle juridique

Il est interdit de faire un chèque en y portant une fausse date. Vous risqueriez une amende égale à 6 % de son montant (minimum de 0,75 €).

De plus, ce mode de paiement ne vous donne aucune garantie quant à la date d'encaissement : si le chèque est présenté avant la date indiquée, il sera quand même payé par la banque. Si vous vous trouvez à découvert à cause de ce chèque, vous n'aurez aucune possibilité de recours contre le professionnel.

Demander le paiement à réception d'un achat fait sur Internet

Quand utiliser ce modèle

Vous avez acheté un objet sur Internet mais vous n'avez pas confiance dans les moyens de paiement que l'on vous propose. Vous souhaitez régler l'objet à sa réception.

✉ *Recommandée avec avis de réception*

(*Nom*)
(*Adresse*)

(*Nom et adresse du cybercommerçant*)

Lettre recommandée avec avis de réception

Objet : demande de paiement à réception

Ville, date

Madame, Monsieur,

Je viens de commander (*nom de l'article*) sur votre site Internet.

Je souhaite payer à réception du colis.

Je vous prie d'agréer, Madame, Monsieur, l'expression de mes salutations distinguées.

Signature

Vérifiez auprès du vendeur qu'il accepte le contre-remboursement et les conditions liées à ce moyen de paiement.

Contester un achat effectué par carte bancaire (auprès du vendeur)

Quand utiliser ce modèle

Vous avez payé par carte bancaire un article acheté à distance ou sur Internet, et la commande n'a pas été exécutée.

(*Nom*)
(*Adresse*)

(*Nom et adresse de la société de vente par correspondance (ou du site Internet)*)

Objet : réclamation sur un achat payé par carte bancaire

Ville, date

Madame, Monsieur,

Mon dernier relevé de carte bancaire fait état d'un débit d'une somme de (*montant*) € réglé par carte bancaire en votre faveur et concernant un article commandé à distance ou sur votre site Internet (*dénomination du site*).

En l'absence de livraison du bien commandé suite à son indisponibilité, vous devez, conformément à l'article L. 216-3 du Code de la consommation, me rembourser dans un délai de 14 jours maximal la totalité des sommes versées.

Je vous demande donc d'intervenir dans les plus brefs délais pour autoriser ma banque (*nom et adresse de votre banque*) à recréditer la somme prélevée sur mon compte n° (*numéro*).

Je vous prie d'agréer, Madame, Monsieur, l'expression de mes salutations distinguées.

Signature

La règle juridique

Pour récupérer cette somme, vous vous adressez à l'entreprise de vente à distance afin qu'elle fasse le nécessaire pour recréditer votre compte. Elle doit vous rembourser la totalité des sommes versées dans un délai maximal de 14 jours.

Faire une réclamation auprès de sa banque

Faire opposition à un prélèvement automatique

Quand utiliser ce modèle

Vous avez résilié un contrat de prestation de service, toutefois l'entreprise continue à vous prélever le montant de l'abonnement mensuel. Vous faites opposition auprès de votre banque afin qu'il soit mis fin à ces prélèvements.

✉ *Recommandée avec avis de réception*

(*Nom*)
(*Adresse*)

(*Nom et adresse de votre banque*)

Lettre recommandée avec avis de réception

Objet : opposition à un prélèvement automatique
Référence : (*numéro de compte*)

Ville, date

Madame, Monsieur,

Par la présente, je vous prie de bien vouloir mettre en place une opposition sur les prélèvements effectués par l'émetteur n° (la banque vous précisera le n° d'émetteur) au profit de l'entreprise (*nom de l'entreprise bénéficiaire du prélèvement*) à compter du (*date*).

Je vous prie d'agréer, Madame, Monsieur, l'expression de mes salutations distinguées.

Signature

La règle juridique

Le paiement par prélèvement automatique peut être interrompu à tout moment par le titulaire du compte. La banque doit faire droit à toute demande d'opposition à prélèvement.

Faire opposition sur un chéquier

Quand utiliser ce modèle

Votre chéquier a été perdu ou volé. Vous souhaitez faire opposition.

✉ *Recommandée avec avis de réception*

(*Nom*)
(*Adresse*)

(*Nom et adresse de votre banque*)

Lettre recommandée avec avis de réception

Objet : opposition sur un chéquier
Référence : (*numéro de compte*)

Ville, date

Madame, Monsieur,

Je vous confirme que je fais opposition sur les formules de chèques n° (*numéro*) à (*numéro*) qui m'ont été dérobées le (*date*).

Je vous prie de prendre bonne note de cette opposition.

Je vous prie d'agréer, Madame, Monsieur, l'expression de mes salutations distinguées.

Signature

PJ : déclaration de vol

La règle juridique

Appelez immédiatement votre agence bancaire puis confirmez l'opposition par lettre recommandée avec avis de réception.

Si votre agence bancaire est fermée, vous pouvez appeler le numéro du centre national d'appel pour les chèques perdus ou volés en composant le 0892 68 32 08. La durée de cette opposition est limitée à 48 heures. Il faut en tout état de cause confirmer par écrit votre opposition à votre banque.

Vous ne pouvez faire opposition qu'en cas de perte, vol ou utilisation frauduleuse du chèque, de procédure de sauvegarde, de redressement ou liquidation judiciaires.

Ce service est en général payant. Certaines banques toutefois l'incluent dans leur service de package bancaire.

Faire opposition sur un débit par carte bancaire

Quand utiliser ce modèle

On vous a volé ou vous avez perdu votre carte bancaire. Après avoir appelé le centre d'opposition ou votre agence bancaire, vous devez confirmer par courrier à votre établissement bancaire votre opposition.

✉ *Recommandée avec avis de réception*

(*Nom*)
(*Adresse*)

(*Nom et adresse de votre banque*)

Lettre recommandée avec avis de réception

Objet : opposition sur un débit par carte bancaire
Référence : (*numéro de compte*) (*numéro de carte bancaire*)

Ville, date

Madame, Monsieur,

Je vous confirme, par la présente, que ma carte bancaire n° (*numéro*), dont la date d'expiration était fixée au (*date*), a été (*motif de l'opposition : perte, vol*). Vous trouverez ci-joint une copie du récépissé de déclaration de perte (ou de vol) délivré par le commissariat.

En conséquence, je fais opposition afin qu'aucune somme ne puisse plus être débitée sur mon compte bancaire.

Je vous informe par ailleurs que j'ai téléphoné au centre d'opposition (ou à votre agence) le (*date*), à (*horaire*) heures, dès que j'ai constaté que ma carte bancaire avait disparu.

Je vous prie d'agréer, Madame, Monsieur, l'expression de mes salutations distinguées.
Signature

La règle juridique

Il est possible de faire opposition dans quatre cas :

- vous avez perdu votre carte bancaire ;
- on vous l'a volée ; elle a été utilisée frauduleusement (par exemple, un achat a été effectué à distance à partir du numéro figurant sur votre carte) ;
- vous l'avez utilisée chez un commerçant mis en redressement ou en liquidation judiciaires.

En cas de vol ou d'utilisation frauduleuse sans dépossession, le porteur doit porter plainte auprès de la police ou de la gendarmerie.

L'opposition prend effet instantanément à compter de la demande. Elle est irréversible. Tout paiement ultérieur au moyen de la carte en question sera refusé. Certains paiements antérieurs peuvent être supprimés. Dans ce cas, vous devrez faire une réclamation par écrit auprès de la banque qui vous accompagnera dans cette démarche. Adressez-vous au guichet de votre banque ou auprès de votre conseiller bancaire dans une telle situation.

Le porteur de la carte ne peut révoquer un ordre de paiement une fois qu'il a été reçu par le commerçant.

La perte subie par le porteur avant la mise en opposition est limitée à 150 €.

Ce plafond n'est toutefois pas applicable dans deux situations :

- en cas de négligence constituant une faute lourde ;
- ou si le porteur n'a pas effectué la mise en opposition dans les meilleurs délais compte tenu de ses habitudes d'utilisation de la carte, excepté lorsqu'un délai contractuel est stipulé dans le contrat (il ne peut cependant être inférieur à 2 jours après la perte ou le vol).

Depuis le 1er novembre 2009, les établissements financiers et de paiements ne peuvent pas vous facturer une mise en opposition de votre carte bancaire (cette disposition ne s'applique cependant pas aux chèques) pour vol ou utilisation frauduleuse.

Contester une opération bancaire frauduleuse

Quand utiliser ce modèle

Vous constatez que votre compte bancaire a été débité d'une somme qui ne correspond pas à une dépense que vous avez effectuée. Vous estimez qu'un tiers a fait un usage frauduleux de votre carte et a payé un achat sous vos nom et numéro de code.

✉ *Recommandée avec avis de réception*

(*Nom*)
(*Adresse*)

(*Nom et adresse de votre banque*)

Lettre recommandée avec avis de réception

Objet : constatation de fraude sur un paiement
Référence : (*numéro de compte*)

Ville, date

Madame, Monsieur,

Dans le dernier relevé de carte bancaire que vous m'avez adressé, la somme de (*montant*) € m'a été prélevée en date du (*date*).

Je vous informe que je conteste cette somme qui correspond à un paiement effectué après usage frauduleux de ma carte. Conformément aux articles L. 133-17 et suivants du Code monétaire et financier, je vous demande de bien vouloir recréditer mon compte des sommes prélevées à mon insu.

Je vous prie d'agréer, Madame, Monsieur, l'expression de mes salutations distinguées

Signature

La règle juridique

Vous devez réagir rapidement et prévenir l'établissement bancaire dans les 13 mois qui suivent la date du débit de votre compte que vous n'avez pas autorisé l'opération de paiement qui a été exécutée. Vous ne devez en principe supporter aucune conséquence de cette utilisation frauduleuse.

Contester un relevé de compte

Quand utiliser ce modèle

Vous venez de recevoir votre relevé de compte. Or, vous vous apercevez que vous avez été débité d'une somme de 500 €, par exemple, alors même que vous n'avez pas émis de chèque pour ce montant.

✉ *Recommandée avec avis de réception*

(*Nom*)
(*Adresse*)

(*Nom et adresse de votre banque*)

Lettre recommandée avec avis de réception

Objet : constatation d'une erreur sur un relevé de compte
Référence : (*numéro de compte*)

Ville, date

Madame, Monsieur,

J'ai constaté, avec étonnement, sur mon dernier relevé, daté du (*date*) que mon compte avait été débité de (*montant*) pour le chèque n° (*numéro*).

Je n'ai pas émis un chèque d'un tel montant. Je vous demande donc de recréditer mon compte du montant correspondant, dans les meilleurs délais.

Je vous prie d'agréer, Madame, Monsieur, l'expression de mes salutations distinguées.

Signature

PJ : copie du relevé de compte

La règle juridique

Envoyez une lettre de contestation assez rapidement car les relevés bancaires comportent généralement une date vous obligeant à contester les informations portées sur ce document dans un certain délai (de quinze jours à trois mois selon les banques). Le bref délai de réclamation ne vous sera toutefois pas opposable si la banque a commis une erreur. Vous disposerez alors, conformément à l'article L. 110-4 du Code de commerce, d'un délai de 5 ans pour contester.

Vous adresserez cette lettre en recommandé avec avis de réception afin de conserver la preuve de cet envoi.

Contester le montant des agios prélevés

Quand utiliser ce modèle

Suite à un découvert bancaire, des frais bancaires anormalement élevés ont été facturés par votre banque. Vous les contestez.

✉ *Recommandée avec avis de réception*

(*Nom*)
(*Adresse*)

(*Nom et adresse de votre banque*)

Lettre recommandée avec avis de réception

Objet : constatation d'une erreur sur le montant des agios
Référence : (*numéro de compte*)

Ville, date

Madame, Monsieur,

J'ai constaté, avec étonnement, sur mon dernier relevé de compte, daté du (*date*) que vous aviez prélevé la somme de (*montant)* euros au titre d'agios calculés au taux de *(taux*) %.

Or, d'après la convention de compte que j'ai signée, le taux devrait s'élever à (*taux*) %.

Aussi, je vous demande de bien vouloir recréditer mon compte de (*montant*) euros, montant correspondant à la différence et d'appliquer dorénavant le taux convenu.

Je vous prie d'agréer, Madame, Monsieur, l'expression de mes salutations distinguées.

Signature

PJ : copie du relevé de compte

La règle juridique

L'article L. 121-13 du Code de la consommation autorise votre établissement bancaire à percevoir les intérêts, commissions ou frais au titre de facilités de caisse ou de découverts (agios) prévus par les conditions générales de banque.

Soyez cependant vigilant, car toute somme indûment perçue par voie de prélèvement sur votre compte doit vous être restituée.

Conformément à l'article L. 110-4 du Code de commerce, vous pouvez contester une opération erronée et en demander la rectification pendant 5 ans. Toutefois, les conditions générales de la convention de compte peuvent prévoir que les écritures passées sur le compte (pour tout ce qui a été négocié avec la banque comme les frais, les agios) sont considérées comme approuvées dans un délai donné, à défaut de contestation de votre part.

Depuis le 1er janvier 2016, les établissements de crédit doivent informer préalablement et gratuitement leurs clients des frais bancaires liés aux irrégularités de fonctionnement d'un compte bancaire et des incidents de paiement.

Cette information porte sur les frais suivants :
– les frais d'opposition (blocage) de la carte par la banque ;
– les frais de lettre d'information préalable pour chèque sans provision ;
– les frais de lettre d'information pour compte débiteur non autorisé ;
– le forfait de frais par chèque rejeté pour défaut de provision ;
– les frais de rejet de prélèvement pour défaut de provision ;
– les frais par avis à tiers détenteur ;
– les frais par opposition à tiers détenteur ;
– les frais par saisie-attribution ;
– les frais par opposition administrative ;
– les frais par virement occasionnel incomplet ;
– les frais de non-exécution de virement permanent pour défaut de provision ;
– les commissions d'intervention ;
– les frais suite à la notification signalée par la Banque de France d'une interdiction pour le client d'émettre des chèques ;
– les frais pour déclaration à la Banque de France d'une décision de retrait de carte bancaire.

Le montant de ces frais sera précisé sur le relevé de compte du client (le plus souvent établi mensuellement). Si le client ne dispose pas de relevé de compte, cette information préalable gratuite lui sera adressée par tout autre moyen. La délivrance d'un chèque de banque peut être facturée par les établissements bancaires ou inclus dans les services de votre compte courant.

Contester une demande de virement non exécutée

Quand utiliser ce modèle

Votre banque n'a pas exécuté l'ordre de virement ou n'a pas crédité votre compte courant d'un chèque, comme vous le lui aviez demandé. Par conséquent, votre compte a été débiteur et la banque vous a facturé des frais.

(*Nom*)
(*Adresse*)

(*Nom et adresse de votre banque*)

Objet : réclamation suite à une demande de virement non exécutée
Référence : (*numéro de compte*)

Ville, date

Madame, Monsieur,

Le (*date*), je vous ai demandé par téléphone d'effectuer un virement unitaire de (*montant*) euros. Le compte à débiter était le compte n° (*numéro*) et le compte à créditer était le compte n° (*numéro*).

Or, cette opération n'a pas été exécutée. Aussi, mon compte a été à découvert et je viens de constater, avec étonnement, sur mon dernier relevé daté du (*date*) que des frais ont été facturés.

Je vous demande de créditer mon compte courant du montant correspondant et je vous saurai gré de faire un geste commercial pour les intérêts débiteurs car vous êtes responsable du découvert.

Je vous prie d'agréer, Madame, Monsieur, l'expression de mes salutations distinguées.

Signature

Il est préférable de confirmer votre demande de virement par écrit, afin de garder une trace de votre ordre.

Saisir le Médiateur de la banque

Quand utiliser ce modèle

Vous vous êtes adressé au directeur de l'agence puis au service clientèle du siège social de votre banque mais le litige persiste. Vous décidez alors de vous adresser au Médiateur.

(*Nom*)
(*Adresse*)

(*Nom et adresse du Médiateur)*

Objet : saisie du Médiateur d'un litige
Références : (*numéro de compte*) (*domiciliation bancaire*)

Ville, date

Madame, Monsieur,

Un litige m'oppose à la banque (*nom et adresse*). J'ai relevé (*exposé des faits*).

Mes tentatives de règlement de ce litige auprès de l'agence et notamment du directeur de celle-ci, puis du service clientèle de la Direction générale sont restées infructueuses.

Les vagues explications que j'ai pu recueillir ne sont pas satisfaisantes. C'est pourquoi je m'adresse à vous afin d'éclaircir cette situation.

En vous remerciant de vos diligences et de l'intérêt que vous portez à la présente, je vous prie d'agréer, Madame, Monsieur, l'expression de mes sincères salutations.

Signature

PJ :
– copie des lettres envoyées
– copie des réponses reçues

La règle juridique

Après avoir essayé de traiter directement le problème avec l'agence concernée et le service clientèle, vous pouvez vous adresser au Médiateur : tous les établissements de crédit ou de paiement disposent d'un service de médiation.

Il ne peut être saisi que si aucune procédure judiciaire n'a été engagée. La procédure de médiation est gratuite. Le médiateur dispose d'un délai de 2 mois pour notifier sa décision. Ni la banque, ni le consommateur ne sont tenus par sa décision. Le Médiateur peut traiter, outre les litiges liés à la gestion du compte à vue, des moyens de paiement et des opérations courantes, tous litiges sur l'épargne, les instruments financiers et les contrats de crédits.

Le Médiateur ne peut revenir sur un refus de prêt ou sur la facturation d'un service bancaire.

Vous devez lui communiquer un dossier complet comportant : vos coordonnées personnelles, vos coordonnées bancaires, un descriptif détaillé du litige et toutes les pièces justificatives dont vous disposez (copies des lettres envoyées, copies des réponses reçues, etc.).

Envoyez-le à l'adresse du Médiateur indiqué sur la convention de votre compte ou à défaut, sur votre relevé de compte (les adresses sont également répertoriées sur le site Internet de la Banque de France).

Si vous engagez une procédure judiciaire avant de recourir au médiateur bancaire, ce dernier ne pourra plus intervenir. L'action judiciaire doit être l'ultime recours. Il faut privilégier en amont les règlements à l'amiable.

Régler ses dettes et faire face au risque de surendettement

Régulariser un chèque sans provision

Quand utiliser ce modèle

Vous avez émis un chèque sans provision qui vous a mis sous le coup d'une interdiction bancaire. Par la suite, vous régularisez votre situation en réglant directement le bénéficiaire ou en approvisionnant votre compte.

✉ *Recommandée avec avis de réception*

(*Nom*)
(*Adresse*)

(*Nom et adresse de votre banque*)

Lettre recommandée avec avis de réception

Objet : régularisation d'un chèque sans provision
Référence : (*numéro de compte*)

Ville, date

Madame, Monsieur,

Le chèque n° (*numéro*) s'avérant sans provision, j'ai reçu un courrier portant injonction de ne plus émettre de chèques et de restituer les formules en ma possession.

J'ai effectué la régularisation exigée le (*date*).

1re hypothèse : par règlement direct auprès du bénéficiaire.

Vous trouverez, ci-joint, le titre remis par celui-ci.

2e hypothèse : en approvisionnant mon compte.

En conséquence, je vous prie de bien vouloir lever la mesure d'interdiction dont je fais l'objet.

Je vous prie d'agréer, Madame, Monsieur, l'expression de mes salutations distinguées.

Signature

La règle juridique

Le banquier qui refuse le paiement d'un chèque pour défaut de provision doit prévenir le titulaire du compte par tout moyen approprié : courrier, fax, e-mail... afin de lui épargner les frais de rejet s'il approvisionne son compte rapidement.

Le montant des commissions perçues par l'établissement de crédit en cas de défaut de provisions est plafonné par mois et par opération pour les personnes physiques. Des plafonds spécifiques sont applicables aux personnes en situation de fragilité. La situation de fragilité est appréciée par l'organisme bancaire en fonction d'un certain nombre de critères définis par l'article R. 312-4-3 du Code monétaire et financier tels que : l'existence d'irrégularités de fonctionnement du compte ou d'incidents de paiement, s'ils sont constatés, de manière répétée pendant trois mois consécutifs. Sachant que l'établissement bancaire tient compte à la fois des ressources et des dépenses portées sur le compte.

Sont également considérés en situation de fragilité financière :

- les personnes inscrites depuis plus de 3 mois consécutifs au fichier des incidents de paiement de la Banque de France pour chèque impayé ou déclaration de retrait de carte bancaire ;
- les personnes, dont le dossier de surendettement a été jugé recevable.

Une offre spécifique minimale doit être proposée aux personnes en situation de fragilité financière afin de limiter les frais en cas d'incident de paiement. Cette offre, qui ne peut dépasser 3 € par mois, comprend les services bancaires suivants :

- la tenue, la fermeture et, le cas échéant, l'ouverture du compte de dépôt ;
- une carte de paiement à autorisation systématique ;
- le dépôt et le retrait d'espèces dans l'agence de l'établissement teneur du compte ;
- 4 virements mensuels SEPA, dont au moins 1 virement permanent, ainsi que des prélèvements SEPA en nombre illimité ;
- 2 chèques de banque par mois ;
- un moyen de consultation du compte à distance ainsi que la possibilité d'effectuer à distance des opérations de gestion vers un autre compte du titulaire au sein du même établissement ;
- un système d'alertes sur le niveau du solde du compte ;
- la fourniture de relevés d'identités bancaires ;
- le plafonnement spécifique des commissions d'intervention ;
- un changement d'adresse une fois par an.

Depuis le 1er janvier 2016, les établissements de crédit doivent informer préalablement et gratuitement leurs clients des frais bancaires liés aux irrégularités de fonctionnement d'un compte bancaire et des incidents de paiement (sur le relevé de compte mensuel ou par tout autre moyen).

Cette information porte sur les frais suivants :

- les frais d'opposition (blocage) de la carte par la banque ;
- les frais de lettre d'information préalable pour chèque sans provision ;
- les frais de lettre d'information pour compte débiteur non autorisé ;
- le forfait de frais par chèque rejeté pour défaut de provision ;
- les frais de rejet de prélèvement pour défaut de provision ;
- les frais par avis à tiers détenteur ;
- les frais par opposition à tiers détenteur ;
- les frais par saisie-attribution ;
- les frais par opposition administrative ;
- les frais par virement occasionnel incomplet ;
- les frais de non-exécution de virement permanent pour défaut de provision ;
- les commissions d'intervention ;
- les frais suite à la notification signalée par la Banque de France d'une interdiction pour le client d'émettre des chèques ;
- les frais pour déclaration à la Banque de France d'une décision de retrait de carte bancaire.

Demander un délai au tribunal pour rembourser un prêt

Quand utiliser ce modèle

Vous avez des difficultés pour rembourser un crédit et l'établissement prêteur refuse d'échelonner votre dette. Vous saisissez le tribunal d'instance pour que vos échéances soient suspendues.

✉ *Recommandée avec avis de réception*

(*Nom*)
(*Adresse*)

Monsieur le président du tribunal
d'instance de (*votre ville*)
(*Adresse*)

Lettre recommandée avec avis de réception

Objet : demande d'un délai pour rembourser un prêt

Ville, date

Monsieur le président,

Le (*date*), j'ai souscrit un crédit à la consommation auprès de la société (*nom de la société de crédit*), pour un montant de (*montant du crédit accordé*) €, avec une mensualité qui s'élève à (*montant de la mensualité*) €.

(*Raison de la demande, par exemple : décès du conjoint, licenciement, longue maladie, etc.*) et, n'ayant pas de travail, j'ai beaucoup de difficultés pour honorer mes échéances de prêt.

J'ai tenté vainement d'obtenir de la société (*nom de l'établissement prêteur*), une suspension des mensualités, le temps de trouver un emploi. Aussi, ai-je l'honneur de solliciter un report de mes échéances pendant (*durée du délai souhaité sachant que le juge peut accorder jusqu'à deux ans maximum*). Je souhaiterai également, comme le prévoit l'article L. 314-20 du Code de la consommation, que les sommes dues ne produisent pas d'intérêts pendant le délai de grâce.

Vous trouverez ci-jointes toutes les pièces justificatives de mon cas (*échéancier des remboursements, le certificat de décès du conjoint ou tout document prouvant la situation financière difficile*).

Dans l'attente de votre réponse, je vous prie de croire, Monsieur le président, à l'expression de mes respectueuses salutations.

Signature

PJ : tout document prouvant votre situation financière délicate

La règle juridique

L'article L. 314-20 du Code de la consommation permet au juge du tribunal d'instance :

- de suspendre vos remboursements pendant une durée de deux ans au plus ;
- de décider que, durant le délai de grâce, les sommes dues ne produiront pas d'intérêts ;
- de fixer les modalités de remboursement des sommes ainsi reportées.

Si l'octroi d'un délai de grâce n'est pas suffisant pour vous permettre de régler vos difficultés financières, vous pourrez saisir la commission de surendettement.

Le tribunal d'instance est saisi soit par le biais de la déclaration au greffe si votre demande porte sur une somme inférieure à 4 000 €, soit par le biais d'une assignation lorsque la somme est supérieure à 4 000 €. Devant le tribunal d'instance, l'assistance d'un avocat n'est pas obligatoire.

Demander un délai pour rembourser un crédit à la consommation

Quand utiliser ce modèle

Lorsque l'on ne peut honorer une échéance de remboursement, il est préférable, plutôt qu'attendre une mesure d'exécution du créancier, de prendre les devants et de demander des délais avant l'échéance, par une lettre courtoise.

(*Nom*)
(*Adresse*)

(*Nom et adresse de votre créancier*)

Objet : demande de délai pour rembourser un crédit à la consommation

Ville, date

Madame, Monsieur,

À la date du (*date*), je dois vous régler la somme de (*montant*) euros (rappeler au besoin le motif de la dette).

Pour des raisons tout à fait indépendantes de ma volonté (au besoin les exposer) je me vois, provisoirement et je l'espère à titre exceptionnel, dans l'impossibilité de faire face à ce règlement.

Je vous remercie de bien vouloir m'accorder un délai de (*préciser le délai demandé en proposant au besoin d'augmenter les échéances futures ou de les prolonger*).

J'espère que vous voudrez bien donner une suite favorable à cette requête en vous assurant qu'à l'avenir je m'efforcerai de respecter scrupuleusement mes engagements.

Je vous prie d'agréer, Madame, Monsieur, l'expression de mes salutations distinguées.

Signature

Demander le report d'une échéance de crédit à la consommation

Quand utiliser ce modèle

Vous devez faire face à des difficultés financières. Vous ne pouvez donc pas dans l'immédiat régler vos dettes dans le délai qui vous était imparti.

(*Nom*)
(*Adresse*)

(*Nom et adresse de votre créancier*)

Objet : demande de report d'une échéance

Référence : (*numéro du contrat de crédit*)

Ville, date

Madame, Monsieur,

Devant faire face à des difficultés financières, je ne suis malheureusement pas en mesure de payer l'échéance du (*date*), correspondant à la somme de (*montant*).

Je souhaiterais que vous acceptiez le report de paiement de cette échéance jusqu'au (*date*). Je serai alors en mesure de remplir mes obligations.

Je vous prie de bien vouloir agréer, Madame, Monsieur, l'expression de mes salutations respectueuses.

Signature

La règle juridique

N'attendez pas de recevoir un appel ou une lettre de votre créancier. Adressez-lui un courrier (ou appelez-le) pour lui indiquer que vous ne pourrez pas payer dans le délai prévu et donnez-en les raisons.

Si votre créancier vous refuse des délais, vous pourrez saisir le tribunal pour lui demander, sur le fondement de l'article 1343-5 du Code civil, un délai de grâce.

Demander le rachat de plusieurs crédits à la consommation

Quand utiliser ce modèle

Vous avez souscrit plusieurs crédits à rembourser et les mensualités s'accumulent. Vous envisagez de les regrouper en un seul emprunt.

(Nom)
(Adresse)

(Nom et adresse de votre établissement prêteur)

Objet : demande de rachat de crédits à la consommation

Ville, date

Madame, Monsieur,

J'ai souscrit plusieurs emprunts auprès de différents établissements prêteurs. À ce jour, j'ai du mal à gérer la totalité de mes mensualités.

Aussi, je souhaiterais convenir d'une date de rendez-vous afin de discuter d'un éventuel rachat de mes crédits en cours.

Je vous prie d'agréer, Madame, Monsieur, l'expression de mes salutations distinguées.

Signature

La règle juridique

Le regroupement de crédits présente un intérêt pour les personnes, avec plusieurs prêts, qui se retrouvent, chaque mois, avec des mensualités importantes à payer.

Si vous avez souscrit plusieurs crédits à rembourser sur des durées différentes, les mensualités s'accumulent. Il peut être judicieux de solder tous vos prêts en cours à l'aide d'un nouvel emprunt. La durée du remboursement s'allonge, ce qui entraîne un allègement du montant des mensualités.

Mais attention : l'allongement de la durée du remboursement va augmenter le coût du crédit. Vous aurez ainsi plus d'intérêts à payer. La réduction du montant des mensualités ne doit donc pas être le seul critère à examiner lorsque vous envisagez un rachat. Il faut également tenir compte du coût global de ce nouvel emprunt.

En outre, lorsque l'opération porte sur la totalité du montant restant dû au titre d'un crédit renouvelable, l'organisme de crédit doit vous rappeler la possibilité de résilier le contrat. Aucun frais ne peut être mis à votre charge en cas de remboursement par anticipation.

Une nouvelle offre de crédit doit vous être proposée. Lorsque ce regroupement comprend le rachat de crédit immobilier représentant 60 % du montant total du regroupement, le nouveau crédit est soumis à la réglementation applicable au crédit immobilier, en vertu de l'article R. 314-18 du Code de la consommation.

Saisir la Commission de surendettement

Quand utiliser ce modèle

Dans l'impossibilité de faire face aux échéances de paiement de vos dettes civiles (loyer, emprunt immobilier...), vous souhaitez obtenir un plan de redressement (report ou rééchelonnement du paiement des dettes, remise des dettes, réduction ou suppression du taux d'intérêt...).

✉ *Recommandée avec avis de réception*

(*Nom*)
(*Adresse*)

Secrétariat de la Commission
de surendettement de (*votre département*)
Banque de France de (*votre ville*)
(*Adresse*)

Lettre recommandée avec avis de réception

Objet : demande d'un plan de redressement suite à un surendettement

Ville, date

Madame, Monsieur,

Je souhaiterais bénéficier des dispositions des articles L. 712-1 et suivants du Code de la consommation relatifs à la procédure devant la commission de surendettement des particuliers, car je ne peux faire face actuellement au paiement de mes dettes.

Ma situation est la suivante : (*décrire votre situation*)

– situation familiale :
– biens :
– ressources :
– dettes : (*montant, nom et adresse des créanciers*).

Je reste à votre disposition pour toute information complémentaire.

Je vous prie d'agréer, Madame, Monsieur, l'expression de mes salutations distinguées.

Signature

La règle juridique

Vous devez saisir la Commission de surendettement des particuliers en adressant un courrier au secrétariat de la commission qui siège au comptoir départemental de la Banque de France. Un certain nombre d'éléments doivent figurer dans ce courrier : l'état sommaire des revenus, les éléments du patrimoine, les noms et adresses des créanciers, ainsi que le nom et l'adresse du débiteur. La commission dispose d'un délai de 3 mois à compter du dépôt du dossier pour procéder à son instruction et décider de son orientation.

La Commission va tenter une conciliation entre le débiteur et les créanciers. En cas d'échec de la procédure de conciliation, le défaut d'accord est notifié au demandeur qui dispose alors de 15 jours pour saisir la Commission et lui demander de recommander des mesures de redressement. À défaut de contestation du demandeur ou des créanciers, elles deviennent applicables.

La commission peut également, si elle constate que la situation du débiteur est irrémédiablement compromise, saisir, avec l'accord de ce dernier, le juge d'instance afin qu'une procédure de rétablissement personnel soit ouverte.

Dès lors que la commission s'est prononcée sur la recevabilité du dossier (le demandeur est reconnu comme surendetté), l'ensemble des voies d'exécution est suspendu. Le débiteur ne peut ainsi être expulsé de son logement jusqu'au jugement d'ouverture de la procédure de rétablissement personnel.

Contester le rejet de son dossier de surendettement

Quand utiliser ce modèle

Vous avez déposé un dossier pour bénéficier de la procédure de surendettement. La Commission a rejeté votre dossier.

✉ *Recommandée avec avis de réception*

(*Nom*)
(*Adresse*)

Secrétariat de la Commission
de surendettement de (*votre département*)
Banque de France de (*votre ville*)
(*Adresse*)

Lettre recommandée avec avis de réception

Objet : contestation du refus de mon dossier de surendettement

Ville, date

Je soussigné(e), (*nom*) demeurant à (*adresse*), conformément aux dispositions de l'article R. 712-14 du Code de la consommation, déclare contester la décision de la Commission de surendettement concernant l'irrecevabilité de ma demande d'examen de ma situation financière au regard de la procédure de traitement des situations à surendettement, prévue aux articles L. 712-1 et suivants du même code.

Cette décision de refus d'ouverture de la procédure m'a été notifiée le (*date de réception de la lettre recommandée*).

Je la conteste pour les raisons suivantes : (*exposer les raisons de votre contestation*).

Je demande que ma déclaration soit transmise au juge du tribunal d'instance avec mon dossier.

Fait à (*ville*), le (*date*)

Signature

La règle juridique

Si la Commission de surendettement refuse d'ouvrir la procédure de surendettement, vous devez déposer un recours contre cette décision au secrétariat de la Commission. Celui-ci transmettra une copie de la décision de rejet avec votre dossier au juge du tribunal d'instance.

Pour accepter un dossier, la Commission vérifie la situation d'endettement et son origine non professionnelle et la bonne foi du demandeur.

Vous ne disposez que de 15 jours à compter de la réception de la décision de la Commission pour déposer ou adresser un recours par lettre recommandée avec avis de réception.

Demander des recommandations à la Commission de surendettement

Quand utiliser ce modèle

La Commission de surendettement, saisie sur votre demande, n'est pas parvenue à un accord entre vous-même et vos créanciers. Elle n'a pas émis de recommandations. Vous souhaitez lui demander de prendre des recommandations qui vous sont favorables.

(*Nom*)
(*Adresse*)

Commission de surendettement
de (*votre département*)
Banque de France de (*votre ville*)
(*Adresse*)

Objet : demande de recommandations
Référence : (*numéro de dossier*)

Ville, date

Madame, Monsieur,

Par lettre du (*date de réception de la lettre de notification par la Commission de surendettement d'absence d'accord amiable*), la Commission de surendettement du (*adresse du secrétariat à la Banque de France*) m'a fait savoir qu'aucun accord n'a pu être conclu avec mes créanciers.

Je soussigné(e), (*nom, profession et adresse*) vous demande de recommander tout ou partie des mesures prévues à l'article L. 733-7du Code de la consommation.

Ma demande a été examinée par la Commission de surendettement sous le numéro (*numéro de dossier*).

Je me tiens à votre disposition pour vous fournir toute information complémentaire.

Je vous prie d'agréer, Madame, Monsieur, l'expression de mes salutations distinguées.

Signature

La règle juridique

Lorsqu'elle est saisie, la Commission tente de concilier les parties, à savoir le débiteur et ses créanciers. En cas d'échec, vous pouvez lui demander de prendre des recommandations. La Commission demandera l'avis de toutes les parties concernées, puis décidera les mesures qui lui semblent nécessaires et utiles comme, par exemple, le rééchelonnement de la dette ou encore l'imputation des paiements sur le capital.

La durée maximale du plan conventionnel de redressement, ainsi que les mesures imposées par la commission est fixée à 7 ans depuis le 1er juillet 2016.

Contester les mesures recommandées par la Commission de surendettement

Quand utiliser ce modèle

La Commission de surendettement saisie sur votre demande n'est pas parvenue à trouver un accord entre vous-même et vos créanciers. Elle a émis des recommandations qui ne vous satisfont pas. Vous voulez contester ces recommandations.

(*Nom*)
(*Adresse*)

Greffe du juge de l'exécution
de (*votre ville*)
(*Adresse*)

Objet : objection aux mesures recommandées par la Commission de surendettement

Ville, date

Madame, Monsieur,

Demandeur : (*nom, adresse et profession*)

En application de l'article L. 733-7 la Commission de surendettement a recommandé des mesures tendant à redresser ma situation financière. Cet avis m'a été notifié par lettre recommandée reçue le (*date de réception du courrier recommandé*).

Les mesures qui ont été proposées ne sont pas de nature à permettre de redresser durablement ma situation.

En effet (*expliquer pourquoi vous ne serez pas en mesure de respecter les mesures recommandées*).

En application de l'article L. 733-12 du Code de la consommation, je conteste les mesures recommandées.

Je me tiens à votre disposition pour vous fournir toute information complémentaire.

Je vous prie d'agréer, Madame, Monsieur, l'expression de mes salutations distinguées.

Signature

PJ : copie des recommandations de la Commission de surendettement

La règle juridique

Lorsqu'elle est saisie, la Commission tente de concilier les parties, c'est-à-dire le débiteur et ses créanciers, et d'élaborer un plan conventionnel de redressement. La Commission notifie le défaut d'accord au demandeur qui peut dans les 15 jours demander à celle-ci de recommander des mesures de redressement.

Les recommandations peuvent être contestées par le débiteur ou les créanciers.

Ils doivent agir dans le délai de 15 jours.

Contester le montant des frais de recouvrement

Quand utiliser ce modèle

Vous faites l'objet de poursuites en raison d'une dette que vous n'avez pas réglée. Par la suite, vous en réglez son montant mais vous ne souhaitez pas payer la totalité des frais afférents à cette dette car ils vous semblent très importants.

✉ *Recommandée avec avis de réception*

(*Nom*)
(*Adresse*)

Monsieur le Juge de l'exécution
(*Adresse du tribunal*)

Lettre recommandée avec avis de réception

Objet : objection au montant des frais de recouvrement

Ville, date

Monsieur le Juge de l'exécution,

Monsieur (ou Madame) (*nom du créancier*) a mandaté Maître (*nom de l'avocat*) afin de mettre en œuvre une procédure de recouvrement à mon encontre.

Je ne nie pas ma qualité de débiteur. Toutefois, les frais afférents au recouvrement de la dette me semblent nettement disproportionnés par rapport à celle-ci.

Je joins, à ce courrier, une copie des documents concernant cette affaire.

Recevez, Monsieur le Juge de l'exécution, l'assurance de mes salutations distinguées.

Signature

PJ : tout document concernant votre cas

La règle juridique

Vous pouvez saisir le juge de l'exécution par l'un des moyens suivants :

- une lettre recommandée avec demande d'avis de réception ;
- une déclaration au secrétariat-greffe du juge de l'exécution.

Le juge vous convoquera à une audience durant laquelle vous pourrez fournir oralement vos observations.

Le juge de l'exécution est désigné par le président du tribunal de grande instance ; le plus souvent il s'agit d'un juge qui siège au sein de cette juridiction.

Solliciter l'intervention d'un médiateur pour régler un litige à l'amiable

Vous avez un litige avec un professionnel. Avant de saisir la justice pour faire valoir vos droits vous sollicitez l'intervention d'un médiateur afin de régler à l'amiable votre litige.

(*Nom*)
(*Adresse*)

(*Nom et adresse du Médiateur*)

Objet : saisie d'un médiateur concernant un litige commercial

Ville, date

Monsieur (ou Madame) le Médiateur,

Conformément à l'article L. 612-1 du Code de la consommation, je sollicite votre bienveillance dans le cadre d'un règlement de litige avec la société (*nom et coordonnées du professionnel avec qui vous êtes en litige*).

En effet, j'ai (*précisez la situation : par exemple, j'ai acheté un article qui s'avérait défectueux ; celui-ci a été remplacé mais l'article remplacé est également défectueux et la société X ne souhaite pas me le reprendre*).

J'ai formulé une demande écrite le (*date*) mais la société (*nom*) n'ayant pas donné de suites à ma réclamation (ou ne souhaitant pas prendre en charge les frais de réparation de l'article défectueux pourtant encore sous garantie), je souhaiterais que vous interveniez afin de me permettre de trouver une issue favorable à ce différend.

Je joins à cette demande les justificatifs de ma réclamation.

En vous remerciant de l'intérêt que vous portez à la présente, je vous prie d'agréer, Monsieur (ou Madame) le Médiateur, l'expression de mes sincères salutations.

Signature

PJ : copie de la réclamation envoyée à la société et tout autre document à l'appui de votre demande

Règle juridique

Depuis le 1er janvier 2016, les professionnels ont l'obligation de se conformer à l'ordonnance du 20 août 2015, qui généralise la médiation afin de faciliter le règlement à l'amiable des litiges avec un professionnel.

La saisine du médiateur peut être effectuée par simple courrier ou par voie électronique. Le professionnel a l'obligation de préciser le nom et les coordonnées du médiateur dont il relève sur tout support adapté, notamment sur ses conditions générales de vente ou de services, sur son site internet, sur ses bons de commande, devis....

Le dispositif de médiation est gratuit pour le consommateur (dans la mesure où il ne fait pas intervenir un tiers avocat ou expert). C'est le professionnel qui prend en charge l'intervention du médiateur.

Le médiateur est totalement indépendant.

Pour que la saisie du médiateur soit recevable, le consommateur doit avoir formalisé une réclamation par écrit et lui transmettre la copie des pièces relatives au litige en cours. Le médiateur, valablement saisi, proposera une solution pour régler le litige mais les parties ne sont pas liées par la proposition du médiateur. De plus, la solution proposée peut être différente d'une solution rendue par le juge. Enfin, les parties peuvent saisir une juridiction à tout moment, en amont comme en aval de la procédure de médiation.

Le délai de traitement des dossiers est de 90 jours.

Avant de saisir un médiateur, vous devez essayer de résoudre votre litige directement auprès du professionnel et garder une preuve écrite des réclamations effectuées.

Faire une réclamation sur un produit ou un service

Demander un dédommagement pour détérioration ou perte d'un vêtement

Quand utiliser ce modèle

Vous avez remis à un teinturier un vêtement à nettoyer. Or il vous le rend détérioré.

(*Nom*)
(*Adresse*)

(*Nom et adresse du teinturier*)

Objet : dédommagement à la suite d'une détérioration ou d'une perte de vêtement

Ville, date

Madame, Monsieur,

En date du (*date de dépôt du vêtement chez le teinturier*), je vous ai confié le nettoyage de (*description de l'article*) selon bon de remis numéro (*numéro du remis*).

Au moment de le reprendre comme convenu,

1er cas, votre article est mal nettoyé ou abîmé :

je vous ai fait remarquer qu'il était mal nettoyé, (ou) qu'il présentait les défauts suivants : (*nature des défauts constatés*).

Vous devez savoir que, faute de réserve expresse de votre part lors du dépôt, vous êtes tenu de rendre le vêtement à nettoyer en bon état. Puisque vous êtes dans l'impossibilité d'exécuter vos obligations, je vous mets en demeure de réparer le préjudice que j'ai subi et que j'évalue à (*montant du dédommagement souhaité*).

2e cas, votre article a été égaré ou perdu :

vous n'avez pu me le restituer.

Aussi je vous mets en demeure de me le rendre, au plus vite, nettoyé et en bon état ou de m'indemniser de son prix d'un montant de (*prix du vêtement*) €.

Sans réponse de votre part, je me verrais dans l'obligation de saisir le tribunal d'instance et de réclamer, outre le prix indiqué plus haut, le versement de dommages-intérêts.

Je vous prie d'agréer, Madame, Monsieur, l'expression de mes salutations distinguées.

Signature

PJ : si possible la photocopie de la facture d'achat et du ticket de dépôt

La règle juridique

Le teinturier doit rendre le vêtement qui lui a été confié nettoyé et en bon état.

Il ne peut dégager sa responsabilité que s'il a émis des réserves lors du dépôt du vêtement ou s'il prouve que le client a commis une faute dans l'usage de ce vêtement ou encore s'il prouve qu'il n'a commis aucune faute.

Demander un dédommagement pour un vêtement perdu dans un restaurant

Quand utiliser ce modèle

Vous vous êtes rendu dans un restaurant. Durant le dîner, la veste que vous aviez déposée sur un portemanteau a disparu.

✉ *Recommandée avec avis de réception*

(*Nom*)
(*Adresse*)

(*Nom et adresse du restaurateur*)

Lettre recommandée avec avis de réception

Objet : dédommagement pour un vêtement perdu

Ville, date

Monsieur (ou Madame),

J'ai dîné dans votre restaurant le (*date*) et à cette occasion, mon (*nature de l'objet*) a disparu. Je vous ai alors demandé réparation du préjudice subi, mais vous vous êtes opposé à toute indemnisation.

Je vous rappelle qu'en qualité de restaurateur vous êtes soumis à une obligation accessoire au contrat de restauration, celle d'assurer la sécurité des vêtements des clients de votre restaurant. En outre, la jurisprudence estime que, en l'absence d'un vestiaire, le restaurateur doit exercer une surveillance sur les portemanteaux (Cour de cassation, 1re chambre civile, 18 novembre 1975, Bull. civ. n°333). Or, vous avez manqué à cette obligation car (*indiquer les faits qui prouvent le manque de vigilance*).

Cette lettre vaut mise en demeure de me rembourser la somme de (*montant*) €.

Sans réponse de votre part, je me verrais dans l'obligation d'avoir recours aux tribunaux.

Je vous prie d'agréer, Monsieur (ou Madame), l'expression de mes salutations distinguées.

Signature

La règle juridique

En l'absence de vestiaire, le restaurateur est tenu de surveiller les effets personnels des clients déposés sur les portemanteaux. En conséquence, si un vêtement disparaît, le restaurateur est tenu d'indemniser les clients. En revanche, si le client a déposé un vêtement sur un portemanteau alors même qu'un vestiaire était à sa disposition, le restaurateur ne pourra être tenu pour responsable.

Demander un dédommagement pour un objet perdu

Quand utiliser ce modèle

Vous avez déposé dans un magasin un appareil à réparer. Le réparateur étant dans l'impossibilité de vous le restituer, vous demandez qu'il vous dédommage de la perte subie.

✉ *Recommandée avec avis de réception*

(*Nom*)
(*Adresse*)

(*Nom et adresse du magasin*)

Lettre recommandée avec avis de réception

Objet : dédommagement pour un objet perdu

Ville, date

Madame, Monsieur,

J'ai déposé dans votre magasin le (*date, indiquer le nombre de jours suivant la date de dépôt*) un (*objet*) à (*réparer, nettoyer...*).

Je me suis rendu(e) dans votre boutique le (*date*) pour le récupérer, mais vous n'avez pas été en mesure de me le restituer ni même de me préciser la durée des réparations.

À ce jour je n'ai reçu aucune nouvelle de votre part, il me semble donc que vos recherches ont été vaines. Or, en vertu de l'article 1915 du Code civil, en tant que réparateur professionnel, vous êtes responsable des objets confiés pour remise en état.

Dans ces conditions, je souhaite obtenir réparation du préjudice subi, conformément aux dispositions de l'article 1231-1 du Code civil. Le (*objet*) ayant été acquis le (*date d'acquisition*) pour une valeur de (*montant*) €, je vous prie de bien vouloir me verser la somme de (*montant*) €.

Sans réponse de votre part, je me verrais dans l'obligation de demander réparation devant la juridiction compétente.

Je vous prie d'agréer, Madame, Monsieur, l'expression de mes salutations distinguées.

Signature

PJ :
– la copie du ticket de dépôt de l'objet au réparateur
– la copie du ticket de la facture d'achat
– toute autre pièce susceptible de démontrer la portée du préjudice subi

La règle juridique

Vous devez d'abord adresser une lettre de mise en demeure en recommandée avec avis de réception. Le réparateur devra alors vous dédommager si l'objet a été perdu ou volé. Si vous n'obtenez pas gain de cause, vous pouvez procéder à une injonction de payer devant le tribunal d'instance.

Demander la restitution de pièces défectueuses

Quand utiliser ce modèle

Vous avez fait appel à une société de dépannage pour réparer un appareil ou une voiture. La société ne vous a pas remis les pièces qu'elle dit avoir changées.

✉ *Recommandée avec avis de réception*

(*Nom*)
(*Adresse*)

(*Nom et adresse de la société de dépannage*)

Lettre recommandée avec avis de réception

Objet : restitution de pièces défectueuses

Ville, date

Madame, Monsieur,

Vous avez procédé le (*date*) à la réparation de (*objet réparé*).

Pour remettre en état cet appareil, vous avez dû remplacer, au vu de la facture que vous m'avez adressée, les pièces suivantes : (*nom des pièces*).

Or, vous ne m'avez pas remis les pièces défectueuses.

Ces pièces restant ma propriété, je souhaiterais donc que vous me les adressiez dans un délai de 8 jours, conformément à l'article 5 de l'arrêté du 2 mars 1990.

Dans cette attente, je vous prie d'agréer, Madame, Monsieur, l'expression de mes salutations distinguées.

Signature

La règle juridique

La société de dépannage doit vous proposer spontanément de vous remettre la ou les pièces défectueuses. Si vous refusez de reprendre ces pièces, elle doit vous faire signer une décharge. En revanche, si dans le cadre de la garantie, le service après-vente du fabricant procède gratuitement au remplacement de ces pièces, elles restent sa propriété.

Contester le non-affichage de prix

Quand utiliser ce modèle

Vous vous rendez souvent dans un magasin qui n'affiche pas tous les prix. Vous en avez fait la remarque au gérant du magasin à maintes reprises mais rien n'a changé. Vous en informez la Direction départementale de la protection des populations.

(*Nom*)
(*Adresse*)

Direction départementale de la
protection des populations
(*Adresse*)

Objet : non-affichage de prix

Ville, date

Madame, Monsieur,

Je souhaite vous informer que le magasin (*nom*) sis au (*adresse du magasin*) ne respecte pas la législation en vigueur sur l'affichage des prix.

En effet, en dépit de mes remarques auprès du directeur du magasin,

1re hypothèse : les prix de nombreux produits ne sont pas affichés, par exemple : (*indiquer le nom de quelques produits*).

2e hypothèse : les prix de certains articles ne correspondent pas sur les présentoirs aux prix facturés à la caisse

Je ne peux donc obtenir en qualité de consommateur une information suffisante, conformément à l'arrêté du 3 décembre 1987.

Aussi, je vous remercie de diligenter l'un de vos agents afin de mettre un terme à ces pratiques.

Je vous prie d'agréer, Madame, Monsieur, l'expression de mes salutations distinguées.

Signature

La règle juridique

Les magasins doivent afficher les prix conformément à l'arrêté du 3 décembre 1987. L'information sur les prix des produits ou des services doit donc faire apparaître la somme totale, toutes taxes comprises.

En cas d'infraction à la législation sur les prix, vous pouvez vous adresser à la Direction départementale de la protection des populations.

Informer la Commission de la sécurité des consommateurs d'un produit dangereux

Quand utiliser ce modèle

Vous avez été victime d'un accident lié à l'usage d'un produit ou d'un service. Cet accident est la conséquence d'un défaut de conception ou d'un manque d'information du consommateur. Vous en informez la Commission de la sécurité des consommateurs.

(*Nom*)
(*Adresse*)

Monsieur le président de la
Commission de la sécurité des
consommateurs
59, Boulevard Vincent Auriol
Télédoc 000
75703 PARIS CEDEX 13

Objet : produit dangereux

Ville, date

Monsieur le président,

J'ai acheté le (*date d'achat*), un (*nom du produit, marque du distributeur, modèle, référence, numéro de lot de série ou d'emballage, lieu d'achat*) qui a été la cause d'un accident dont j'ai été la victime.

En effet, (*indiquer les circonstances de l'accident et en quoi le produit en est la cause*).

Dès lors, (*indiquer les circonstances de l'accident : lésions, soins, séquelles...*).

Je souhaiterais donc être tenu informé des suites que vous réservez à cette affaire.

Recevez, Monsieur le président, l'assurance de mes salutations distinguées.

Signature

La règle juridique

Si vous avez été victime d'un accident, suite à l'utilisation d'un produit ou d'un service, vous pouvez en informer la Commission de la sécurité des consommateurs. Elle a pour mission de centraliser les incidents (accidents de la vie courante) qui peuvent survenir. Elle rend des avis et propose des mesures afin d'améliorer la sécurité des consommateurs.

Le droit français formule une obligation légale de sécurité à l'égard de tous les producteurs ou distributeurs de produits ou de services dès lors que ces derniers sont utilisés dans des conditions normales ou raisonnablement prévisibles.

La Commission de la sécurité des consommateurs ne traite pas des malfaçons ponctuelles. Par ailleurs, certains sujets relèvent désormais de compétences d'agences spécialisées, vous devez ainsi vous adresser :

– pour les risques alimentaires ainsi que pour les risques environnementaux en interaction avec le milieu du travail, à l'Agence nationale de sécurité sanitaire de l'alimentation, de l'environnement et du travail : www.anses.fr ;
– pour les risques liés à l'usage des produits de santé, à l'Agence nationale de sécurité du médicament et des produits de santé : www.ansm.sante.fr.

De plus, les défauts de garantie, les vices cachés, les clauses abusives, l'inexécution d'un contrat... sont des litiges commerciaux qui relèvent de la compétence de la direction départementale de la protection des populations de votre domicile et des associations locales de consommateurs.

Site Internet : www.securiteconso.org.

Dans la mesure du possible, conservez toutes les pièces importantes (produits, emballages et notices) pour les transmettre ultérieurement à la Commission de la sécurité des consommateurs.

Engager une action en responsabilité pour article défectueux

Quand utiliser ce modèle

Vous avez acheté une perceuse électrique. À la suite d'un dysfonctionnement affectant ce produit, vous avez été blessé. Vous demandez un dédommagement.

✉ *Recommandée avec avis de réception*

(*Nom*)
(*Adresse*)

(*Nom et adresse du distributeur ou du fabricant*)

Lettre recommandée avec avis de réception

Objet : action en responsabilité pour article défectueux

Ville, date

Madame, Monsieur,

1er cas : action en responsabilité engagée contre le distributeur

J'ai acheté dans votre magasin un (*nom du produit*) fabriqué par (*nom du fabricant*).

2e cas : action en responsabilité engagée contre le fabricant

J'ai acheté un (*nom du produit et références, le cas échéant*), fabriqué dans vos usines, dans le magasin qui porte l'enseigne (*nom du magasin*) sis à (*adresse du magasin*).

Dans tous les cas :

Or, (*exposer les faits*).

Suite au dysfonctionnement de ce/cette (*nom du produit*), j'ai eu à déplorer (*énumérer les dommages que vous avez subis*).

Par conséquent je souhaiterais être dédommagé du préjudice subi.

Je me tiens à votre disposition pour vous fournir de plus amples renseignements.

Dans l'attente de votre proposition d'indemnisation, je vous prie d'agréer, Madame, Monsieur, l'expression de mes salutations distinguées.

Signature

La règle juridique

Les dispositions de la loi n° 98-389 du 19 mai 1998 transposant en droit français la directive européenne du 25 juillet 1985 relative à la responsabilité du fait des produits défectueux ont été intégrées dans les articles 1245 et suivants du Code civil.

En conséquence, si vous êtes la victime d'un produit défectueux vous pouvez former une action en responsabilité contre le professionnel que celui-ci ait ou non commis une faute.

Toutefois, vous devez apporter la preuve :

- du dommage subi ;
- du défaut du produit ;
- du lien de causalité existant entre le dommage et le défaut du produit.

En d'autres termes, il faut que le préjudice subi résulte de la défectuosité du bien.

Vous disposez de 10 ans pour engager la responsabilité du professionnel. Il est à noter que le point de départ de ce délai court à compter de la date de mise en circulation, c'est-à-dire de la sortie d'usine, et non pas de la vente au détail. En outre, en qualité de victime, vous avez 3 ans à compter de la date du dommage pour agir en responsabilité.

Le professionnel ne peut pas s'exonérer de sa responsabilité envers le consommateur (c'est-à-dire le non-professionnel) par une clause le dégageant de toute responsabilité. En conséquence, les clauses contraires figurant sur les factures ou dans les contrats, par exemple, ne sont pas valables.

Toutefois, la responsabilité du professionnel pourra être réduite ou supprimée si le dommage est la conséquence d'une faute commise par la victime. Cette disposition a pour conséquence de réduire ou de rendre impossible toute indemnisation.

Le producteur pourra également écarter sa responsabilité s'il prouve :

1°) qu'il n'avait pas mis le produit en circulation ;

2°) que, compte tenu des circonstances, il y a lieu d'estimer que le défaut ayant causé le dommage n'existait pas au moment où le produit a été mis en circulation par lui ou que le défaut est né postérieurement ;

3°) que le produit n'a pas été destiné à la vente ou à toute autre forme de distribution ;

4°) que l'état des connaissances scientifiques et techniques, au moment où il a mis le produit en circulation, n'a pas permis de déceler l'existence du défaut ;

5°) ou que le défaut est dû à la conformité du produit avec des règles impératives d'ordre législatif ou réglementaire.

Si le producteur ne peut être identifié, le vendeur est responsable du défaut de sécurité du produit dans les mêmes conditions que le producteur, à moins qu'il ne désigne son propre fournisseur ou le producteur dans un délai de 3 mois à compter de la date à laquelle la demande de la victime lui a été notifiée.

Consulter une association de défense des consommateurs

Quand utiliser ce modèle

Le service consommateur de la société avec laquelle vous êtes en désaccord ne vous répond pas ou sa réponse ne vous satisfait pas. Vous pouvez donner du poids à votre dossier en vous faisant aider par l'antenne locale d'une association de consommateurs.

(*Nom*)
(*Adresse*)

(*Nom et adresse de l'association de consommateurs*)

Objet : information sur un litige

Ville, date

Madame, Monsieur,

En date du (*date*) j'ai opté pour le dégroupage total et souscrit un abonnement téléphonique et Internet auprès du fournisseur d'accès Internet (*nom du fournisseur d'accès à Internet*).

Or, depuis plus de (*nombre*) semaines, très exactement depuis le (*date*), je n'ai plus ni connexion Internet, ni ligne téléphonique. J'ai tout de suite signalé ce dysfonctionnement au service technique de (*nom du FAI*) qui m'a dit faire le nécessaire. Mais rien n'a changé.

Après plusieurs relances du service technique sans réponse satisfaisante, j'ai écrit au service consommateurs pour leur demander des explications claires sur le problème ainsi que sa résolution dans les plus brefs délais. J'ai également réclamé le remboursement de l'abonnement mensuel versé pour rien, ainsi que des dommages-intérêts car l'absence de réseau m'a causé les préjudices suivants :(*exemple : rendez-vous professionnels ratés*).

Mais, le service consommateurs m'a répondu que (*décrire la réponse défavorable*).

Aussi, souhaitant porter ce dossier devant le Médiateur des communications électroniques, je désirerais obtenir à la fois votre avis sur le dossier et, si vous estimez qu'il est solide, que vous m'épauliez dans ma démarche auprès du Médiateur.

Dans l'attente de votre réponse, je vous prie d'agréer, Madame, Monsieur, l'expression de mes salutations distinguées.

Signature

Vous trouverez la liste et les coordonnées des associations nationales sur le site Internet : www.conso.net, rubrique « associations de consommateurs ».

La règle juridique

Dans les cas de litiges contractuels ou de recherches d'informations sur les droits contractuels des consommateurs, tournez-vous vers les associations de consommateurs car la DGCCRF ne traite pas les réclamations relatives à des litiges contractuels. Vous pouvez vous adresser aux centres techniques régionaux de la consommation pour trouver les coordonnées et les permanences des associations de consommateurs les plus proches de votre domicile.

En pratique, une intervention courrier ou une démarche active dans le traitement d'une réclamation nécessite en général l'adhésion à l'association (coût : environ 30 € par an selon l'association consultée). Cette adhésion vous confère la qualité d'adhérent et est renouvelable chaque année.

Depuis le 1er octobre 2014, les associations de consommateurs agréées peuvent introduire une action de groupe afin d'obtenir réparation des préjudices individuels subis par des consommateurs qui se trouvent placés dans une situation similaire ou identique et dont la cause résulte d'un manquement d'un professionnel à une obligation légale ou contractuelle.

La procédure se déroule en deux phases. Dans un premier temps, l'association de consommateurs saisit le tribunal de grande instance afin d'obtenir un jugement sur la responsabilité du professionnel. Le juge dans sa décision définit le groupe des consommateurs à l'égard desquels la responsabilité du professionnel est engagée et fixe les critères de rattachement au groupe. La décision détermine également les préjudices susceptibles d'être réparés pour chaque consommateur ou chaque catégorie de consommateurs.

Une mesure de publicité est organisée afin d'alerter les consommateurs concernés et leur permettre d'adhérer au groupe dans un délai maximum de six mois. L'adhésion au groupe vaut mandat aux fins d'indemnisation au profit de l'association à l'origine de la demande. Cette adhésion ne vaut ni n'implique adhésion à l'association requérante.

Il existe une action de groupe simplifiée qui concerne un groupe de consommateurs identifiés dont le montant du préjudice est identique. Le jugement condamne dans ce cas le professionnel à indemniser directement les consommateurs dans un délai déterminé.

Saisir la DDPP (refus de vente)

Quand utiliser ce modèle

Un commerçant vous refuse la vente d'un produit ou subordonne cette vente à l'achat d'un autre bien (vente liée). C'est interdit par la loi et vous pouvez contacter la DDPP (Direction départementale de la protection des populations) du lieu où est installé le commerçant, habilitée à constater ce genre d'infraction.

✉ *Recommandée avec avis de réception*

(*Nom*)
(*Adresse*)

DDPP
(*Adresse*)

Lettre recommandée avec avis de réception

Objet : plainte relative au refus de vente d'un commerçant

Ville, date

Madame, Monsieur,

En date du (*date*), je suis allé(e) dans le magasin (*nom du magasin*), situé (*adresse du magasin*) pour acheter (*nom de l'objet*).

Or, le commerçant a refusé de me vendre cet objet sous prétexte que (*motifs du commerçant que vous estimez sans fondement*).

Estimant que ce refus de vente n'a pas de raison valable, je vous en informe afin que vous puissiez intervenir auprès de ce commerçant et lui rappeler ses devoirs à l'égard de ses clients.

Je vous prie d'agréer, Madame, Monsieur, l'expression de mes salutations distinguées.

Signature

La règle juridique

Le refus de vente est interdit par l'article L. 121-11 du Code de la consommation, sauf si le commerçant peut se prévaloir de « motifs légitimes » (exemple : insuffisance de stocks).

Pour connaître l'adresse de la DDPP de votre secteur, allez sur le site de la DGCCRF (www.economie.gouv.fr/dgccrf) ou renseignez-vous auprès de votre préfecture.

Demander une indemnisation pour la perte d'un colis

Quand utiliser ce modèle

Le colis que vous avez adressé à l'un de vos proches, à une entreprise... n'est jamais arrivé.

✉ *Recommandée avec avis de réception*

(*Nom*)
(*Adresse*)

Receveur principal du bureau de poste (*ville*)
(*Adresse*)

Lettre recommandée avec avis de réception

Objet : demande d'indemnisation pour la perte d'un colis

Ville, date

Madame, Monsieur,

J'ai expédié de votre bureau de poste le (*date*) un colis en recommandé avec avis de réception (ou « en valeur déclarée ») à (*nom du destinataire*) résidant à (*coordonnées de cette personne*).

Ce colis n'est jamais arrivé à destination. J'ai déposé une réclamation le (*date de la réclamation*) au guichet de mon bureau de poste afin de retrouver cet objet.

Aujourd'hui, soit plus de (*nombre*) jours (ou semaines) depuis la date d'envoi, je n'ai aucune nouvelle de ce colis. Les recherches semblent toujours vaines (à ma connaissance tout au moins). Je considère donc que ce colis a été définitivement perdu par vos services.

En conséquence, je vous demande de me verser la somme correspondant au niveau de protection souscrit (ou « correspondant à sa valeur déclarée »), soit (*montant*) €.

Je vous prie d'agréer, Madame, Monsieur, l'expression de mes salutations distinguées.

Signature

La règle juridique

Un envoi postal est considéré comme perdu lorsqu'il n'a pas été distribué à son destinataire dans un délai de 40 jours à compter de la date de son dépôt.

Vous pouvez être indemnisé si votre colis a été envoyé en recommandé (indemnité forfaitaire), en valeur déclarée ou encore en envoi express. Si l'envoi a été effectué en correspondance ordinaire et que La Poste ne le retrouve pas, elle devra vous verser une indemnisation maximale fixée à 23 € par kilo de poids brut de marchandises manquantes (emballage compris).

Si, suite à votre réclamation, la Poste a répondu de manière insatisfaisante à votre attente, ou n'a pas donné de réponse dans un délai de deux mois vous pouvez vous adresser au Médiateur de La Poste en joignant l'ensemble des pièces relatives à la contestation et au préjudice subi.

Vous avez un an, à compter du lendemain du jour de prise en charge de l'envoi, pour envoyer votre réclamation.

Demander une indemnisation pour retard dans l'acheminement d'un colis

Quand utiliser ce modèle

Le colis que vous avez adressé à l'un de vos proches, à une entreprise… n'est jamais arrivé.

✉ *Recommandée avec avis de réception*

(*Nom*)
(*Adresse*)

Bureau de poste de (*ville*)
(*Adresse*)

Lettre recommandée avec avis de réception

Objet : demande d'indemnisation pour retard dans l'acheminement d'un colis

Ville, date

Madame, Monsieur,

J'ai envoyé un colis en Colissimo le (*date d'expédition*). Il est parvenu à son destinataire le (*date d'arrivée*). Le délai entre l'expédition et la date de réception est donc de (*nombre*) jours.

Or, un envoi en Colissimo doit, en principe, parvenir à son destinataire dans les 48 heures.

Je vous demande donc de bien vouloir procéder au dédommagement prévu en cas de retard.

Je vous prie d'agréer, Madame, Monsieur, l'expression de mes salutations distinguées.

Signature

La règle juridique

L'indemnisation pour le retard dans l'envoi ou la réception d'un Colissimo est tout à fait possible.

Dans ce cas, l'expéditeur doit remplir un dossier de réclamation auprès du bureau de poste. Il demande le dédommagement qui se fait soit par le remboursement de son envoi, soit par un bon gratuit pour un envoi en Colissimo de même valeur.

Saisir le Médiateur du groupe La Poste

Quand utiliser ce modèle

Le colis que vous avez expédié a été perdu et votre réclamation auprès de votre guichet habituel est restée sans réponse. La lettre que vous a adressée un proche vous est parvenue avec un important retard...Voilà des cas où le Médiateur peut être saisi. Le Médiateur du groupe La Poste.

✉ *Recommandée avec avis de réception*

(*Nom*)
(*Adresse*)

Monsieur le Médiateur du groupe
La Poste
44, boulevard de Vaugirard
CP F407 75757 Paris Cedex 15

Lettre recommandée avec avis de réception

Objet : saisine du médiateur du groupe la Poste

Ville, date

Madame, Monsieur,

Le (*date*), mes parents m'ont adressé un paquet pour l'anniversaire de ma fille qui ne m'est jamais parvenu. Mes parents ont demandé une enquête auprès de leur agence, située à (*lieu*) par lettre en date du (*date de l'envoi*) dont copie jointe, aucune réponse ne leur est parvenue. C'est pourquoi, je m'adresse à vous afin d'éclaircir cette situation et en cas de perte avérée de m'indemniser de ce préjudice.

Je vous prie d'agréer, Madame, Monsieur, l'expression de mes salutations distinguées.

Signature

PJ : ensemble des justificatifs

La règle juridique

Le Médiateur est compétent pour tous les litiges en matière de courrier, colis, réseau des bureaux de poste. Il peut être saisi directement sans intermédiaire, mais votre demande ne sera recevable que si vous avez préalablement et obligatoirement adressé votre réclamation au service concerné (bureau de poste, centre financier). Si votre litige ne se règle pas avec le service concerné, soit parce que dans les deux mois qui ont suivi votre réclamation, vous n'avez pas eu de réponse, soit parce que la réponse ne vous a pas satisfait, vous saisirez le Médiateur du groupe La Poste. Ce dernier rendra son avis dans un délai de 2 mois. Il ne peut être saisi si une procédure judiciaire est introduite ou si ce litige a déjà fait l'objet d'une décision de justice. Site Internet : www.laposte.fr/mediateurdugroupe.

Pour un litige avec La Banque postale, vous devez saisir le Médiateur de La Banque postale : 115, rue de Sèvres - Case postale G 009 - 75275 Paris Cedex 06.

Réagir en cas de tromperie ou de vice caché

Annuler une vente pour vice caché

Quand utiliser ce modèle

Vous avez acheté un fer à repasser. Or, après l'avoir utilisé, vous constatez qu'il présente de nombreux dysfonctionnements qui rendent difficile son utilisation.

✉ *Recommandée avec avis de réception*

(*Nom*)
(*Adresse*)

(*Nom et adresse du commerçant*)

Lettre recommandée avec avis de réception

Objet : annulation d'une vente pour vice caché
Référence : (*numéro du bon de commande*)

Ville, date

Madame, Monsieur,

J'ai acheté dans votre magasin le (*date de l'achat*) un (*article*) qui présente des défauts (*indiquer ces défauts*).

Je souhaite, en vertu des dispositions des articles 1641 et suivants du Code civil :

– garder le (*objet*) et obtenir le remboursement d'une partie du prix.
– vous rendre le (*objet*) et obtenir le remboursement de la somme versée.

Je vous prie d'agréer, Madame, Monsieur, l'expression de mes salutations distinguées.

Signature

La règle juridique

Conformément aux dispositions de l'article 1644 du Code civil, vous bénéficiez d'une alternative :

– rendre le bien acheté et demander le remboursement de la somme payée ;
– conserver le bien acheté et demander une diminution du prix.

Ces deux possibilités ne vous sont offertes qu'à la condition que le bien présente des défauts qui le rendent impropre à son usage ou qui diminuent son usage de telle façon que vous ne l'auriez pas acquis. De plus, le défaut devait exister au moment de la vente et ne devait pas être apparent.

L'action en justice doit être introduite dans les deux ans qui suivent la découverte du vice.

Demander un échange de marchandise en cas de vice caché

Quand utiliser ce modèle

Le lave-vaisselle que vous avez acheté présente de nombreux défauts rendant impossible son utilisation.

✉ *Recommandée avec avis de réception*

(*Nom*)
(*Adresse*)

(*Nom et adresse du vendeur*)

Lettre recommandée avec avis de réception

Objet : demande d'échange de marchandise

Ville, date

Madame, Monsieur,

J'ai acheté dans votre magasin le (*date de l'achat*) un(e) (*article*) qui présente des défauts (*indiquer ces défauts*).

Malgré plusieurs tentatives de réparation par votre service après-vente, cet appareil ne fonctionne toujours pas normalement.

Je vous demande de bien vouloir l'échanger contre un produit équivalent.

Je vous prie d'agréer, Madame, Monsieur, l'expression de mes salutations distinguées.

Signature

La règle juridique

En cas de vice caché, l'acheteur bénéficie de deux possibilités : soit rendre le bien acheté au vendeur et demander le remboursement de la somme payée, soit conserver le bien acheté et demander une diminution du prix (article 1644 du Code civil).

En pratique, il est courant que le vendeur propose de procéder à l'échange de l'article défectueux contre un article neuf. Le cas échéant, vous pouvez faire cette démarche.

N'attendez pas trop avant d'agir. L'action en garantie des vices cachés doit être exercée dans les deux ans qui suivent la découverte du vice.

Réagir en cas de vice caché sur un véhicule

Quand utiliser ce modèle

Vous avez acheté un véhicule neuf ou d'occasion, à un particulier ou un garagiste. Après l'expiration du délai de garantie, vous constatez un vice caché.

✉ *Recommandée avec avis de réception*

(*Nom*)
(*Adresse*)

(*Nom et adresse du vendeur*)

Lettre recommandée avec avis de réception

Objet : vice caché sur un véhicule
Référence : (*numéro du bon de commande*)

Ville, date

Madame, Monsieur,

J'ai acheté dans votre garage le (*date d'achat*), un véhicule neuf : (*type de véhicule*).

Mon garagiste m'apprend aujourd'hui qu'il est atteint d'un vice caché.

En vertu des dispositions des articles 1641 et suivants du Code civil, je souhaite :

1re hypothèse :

l'annulation de la vente et le remboursement de la somme versée.

2e hypothèse :

conserver le véhicule et obtenir le remboursement d'une partie du prix.

3e hypothèse : si le vendeur a été manifestement de mauvaise foi conformément à l'article 1645 du Code civil :

demander le versement de (*montant*) de dommages-intérêts en réparation du préjudice subi.

En l'absence de réponse de votre part, je me verrais dans l'obligation de saisir les autorités compétentes.

Je vous prie d'agréer, Madame, Monsieur, l'expression de mes salutations distinguées.

Signature

La règle juridique

Le vice caché rend la chose vendue impropre à l'usage auquel on la destine. Le défaut doit être non apparent, inconnu de l'acheteur, antérieur à la vente et grave.

La preuve incombe à l'acheteur. Il peut être invoqué, en principe, à n'importe quel moment de la vie de la chose vendue, mais au maximum 2 ans à compter de la découverte du vice.

Réagir en cas de tromperie sur un véhicule d'occasion

Quand utiliser ce modèle

Vous avez acheté un véhicule d'occasion. Or, vous apprenez peu après que le nombre de kilomètres inscrits au compteur a été modifié.

✉ *Recommandée avec avis de réception*

(*Nom*)
(*Adresse*)

(*Nom et adresse du vendeur*)

Lettre recommandée avec avis de réception

Objet : tromperie sur véhicule d'occasion

Ville, date

Madame, Monsieur,

Vous m'avez vendu le (*date*) une voiture d'occasion.

J'ai appris par mon garagiste que le nombre de kilomètres au compteur avait été modifié, cette manœuvre constituant une fraude. En conséquence, conformément aux dispositions des articles 1131 et suivants du Code civil, j'exige l'annulation du contrat de vente.

Je vous prie de me restituer la somme que j'ai versée et de venir chercher le véhicule que je tiens à votre disposition. En l'absence de réponse de votre part dans un délai raisonnable, je porterai plainte en application de l'article L. 441-1 du Code de la consommation relatif aux fraudes et tromperies.

Cette lettre vaut mise en demeure.

Je vous prie d'agréer, Madame, Monsieur, l'expression de mes salutations distinguées.

Signature

La règle juridique

Le vendeur ayant fait preuve de manœuvres frauduleuses pour vous amener à conclure le contrat de vente, vous pouvez demander l'annulation du contrat, en vertu des dispositions de l'article 1131 du Code civil. De même, s'il apparaît que le véhicule a été accidenté et que le vendeur a passé ce fait sous silence, vous pouvez de la même manière demander la nullité du contrat et la restitution de ce que vous avez versé. En effet, la jurisprudence assimile à un dol le comportement du vendeur qui a passé sous silence un fait important.

Si vous souhaitez conserver le véhicule, vous pouvez demander une diminution du prix et réclamer des dommages-intérêts sur le fondement de l'article 1223 du Code civil.

Dans tous les cas, si vous n'obtenez pas satisfaction il vous faudra saisir le tribunal. La juridiction compétente est soit la juridiction de proximité pour les litiges inférieurs ou égaux à 4 000 €, soit le tribunal d'instance si le litige est inférieur ou égal à 10 000 € et le tribunal de grande instance au-delà.

Réagir en cas de tromperie sur la qualité de la marchandise

Quand utiliser ce modèle

De retour chez vous, vous vous apercevez que la magnifique bibliothèque que vous venez d'acheter n'est pas en chêne mais en contreplaqué !

✉ *Recommandée avec avis de réception*

(*Nom*)
(*Adresse*)

(*Nom et adresse du vendeur*)

Lettre recommandée avec avis de réception

Objet : tromperie sur la qualité de la marchandise

Ville, date

Madame, Monsieur,

Le (*date*), j'ai acheté en votre magasin une bibliothèque en (*préciser ses principales matières ou essences : chêne, merisier, massif…*).

Or, je constate que contrairement à ce qui est indiqué sur la facture (ou le catalogue, le bon de commande…), ce meuble est en fait en contreplaqué.

Je vous mets donc en demeure de me livrer dans les plus brefs délais le meuble en bois massif que je vous ai commandé.

(Ou)

Je vous mets donc en demeure de me rembourser intégralement la somme que je vous ai versée et de considérer que la commande est annulée.

Dans le cas contraire, je me verrai obligé de porter plainte pour tromperie sur la marchandise et de saisir les autorités compétentes, en vertu de l'article L. 441-1 du Code de la consommation.

Je vous prie d'agréer, Madame, Monsieur, l'expression de mes salutations distinguées.

Signature

La règle juridique

Il peut y avoir plusieurs cas de tromperie, tant sur les biens que dans le cadre de prestations de services :

- tromperie sur la nature, l'espèce, l'origine, les qualités substantielles, la composition ou la teneur en principes utiles de toutes marchandises ;
- tromperie sur la quantité des choses livrées ou sur leur identité par la livraison d'une marchandise autre que la chose déterminée qui a fait l'objet du contrat ;

– tromperie sur l'aptitude à l'emploi, les risques inhérents à l'utilisation du produit, les contrôles effectués, les modes d'emploi ou les précautions à prendre.

Le délit de tromperie est sanctionné par une peine d'emprisonnement de deux ans et une amende de 300 000 €.

Réagir en cas de pratique commerciale trompeuse (publicité mensongère)

Quand utiliser ce modèle

Vous repérez sur un prospectus un bijou en or à un prix imbattable. Vous vous rendez dans le magasin mais le produit n'est pas disponible.

✉ *Recommandée avec avis de réception*

(*Nom*)
(*Adresse*)

(*Nom et adresse du vendeur*)

Lettre recommandée avec avis de réception

Objet : pratique commerciale trompeuse

Ville, date

Madame, Monsieur,

Dans votre catalogue publicitaire du (*date*), vous proposez (*nom de l'article*) au prix de (*montant*) euros.

Lorsque je me suis rendu dans votre magasin le (*date*) pour acheter cet article, on m'a informé qu'il n'était plus disponible.

Je vous rappelle par la présente qu'en vertu de la réglementation concernant les pratiques commerciales trompeuses et notamment l'article L. 121-4 6° b, vous êtes tenu de me fournir cet article au prix cité.

Je vous prie d'agréer, Madame, Monsieur, l'expression de mes salutations distinguées.

Signature

La règle juridique

Si vous recevez une publicité annonçant un article à un prix intéressant mais si le vendeur vous affirme qu'il est indisponible, vous pouvez le réclamer. En effet, le commerçant doit enregistrer votre commande pendant la durée de validité de l'opération de réduction de prix, et vous devez obtenir le même article ou un article équivalent au prix promis par la publicité.

Vous pouvez faire état de cette situation aux agents de la directions départementales de la protection des populations (DDPP) (anciennement DGCCRF), à la direction générale de l'alimentation du ministère de l'Agriculture et au bureau de la métrologie au ministère de l'Industrie qui sont habilités à constater les pratiques commerciales trompeuses. Les procès-verbaux dressés sont transmis au procureur.

La Cour de cassation considère qu'une vente promotionnelle implique l'existence en quantités suffisantes des marchandises offertes (Cass., crim., 11 janvier 1990, n° 88-84.938 ; Cass., crim., 8 janvier 1997, n° 96-80.859).

Annuler une commande en cas de pratique commerciale trompeuse

Quand utiliser ce modèle

Vous avez été victime de publicité mensongère à propos d'un objet que vous venez d'acheter. Vous prévenez le magasin des risques qu'il encourt.

✉ *Recommandée avec avis de réception*

(*Nom*)
(*Adresse*)

(*Nom et adresse du magasin*)

Lettre recommandée avec avis de réception

Objet : annulation de commande à la suite de pratiques commerciales trompeuses

Ville, date

Madame, Monsieur,

Le (*date*), j'ai commandé (*article*) auprès de votre établissement. Vous trouverez ci-joint une photocopie du bon de commande.

Or j'estime avoir été induit en erreur lors de mon achat par une publicité dans laquelle vous vous engagiez à (*description des engagements*) ; (ou) qui spécifiait que (*décrire les indications ou les fausses allégations*), alors qu'en réalité le bon de commande indique que (*caractéristiques de l'objet contenues dans le bon de commande*).

Je vous rappelle que cette pratique vous expose aux sanctions relatives aux pratiques commerciales trompeuses prévues à l'article L. 441-1 du Code de la consommation.

En conséquence, je vous mets en demeure d'annuler ma commande et de me rembourser dans les plus brefs délais la somme que je vous ai versée, soit (*montant*) €.

À défaut, je me verrais contraint de saisir la direction départementale de la protection des populations.

Je vous prie d'agréer, Madame, Monsieur, l'expression de mes salutations distinguées.

Signature

PJ : copie du bon de commande

La règle juridique

La notion de pratique commerciale trompeuse recouvre en fait ce qu'on appelait auparavant la publicité trompeuse ou de nature à induire en erreur. Toutefois cette nouvelle notion est plus large.

Selon l'article L. 121-2 du Code de la consommation, une pratique commerciale est trompeuse si elle est commise dans l'une des circonstances suivantes :

1° Lorsqu'elle crée une confusion avec un autre bien ou service, une marque, un nom commercial ou un autre signe distinctif d'un concurrent ;

2° Lorsqu'elle repose sur des allégations, indications ou présentations fausses ou de nature à induire en erreur et portant sur l'un ou plusieurs des éléments suivants :

a) L'existence, la disponibilité ou la nature du bien ou du service ;

b) Les caractéristiques essentielles du bien ou du service, à savoir : ses qualités substantielles, sa composition, ses accessoires, son origine, sa quantité, son mode et sa date de fabrication, les conditions de son utilisation et son aptitude à l'usage, ses propriétés et les résultats attendus de son utilisation, ainsi que les résultats et les principales caractéristiques des tests et contrôles effectués sur le bien ou le service ;

c) Le prix ou le mode de calcul du prix, le caractère promotionnel du prix et les conditions de vente, de paiement et de livraison du bien ou du service ;

d) Le service après-vente, la nécessité d'un service, d'une pièce détachée, d'un remplacement ou d'une réparation ;

e) La portée des engagements de l'annonceur, la nature, le procédé ou le motif de la vente ou de la prestation de services ;

f) L'identité, les qualités, les aptitudes et les droits du professionnel ;

g) Le traitement des réclamations et les droits du consommateur ;

3° Lorsque la personne pour le compte de laquelle elle est mise en œuvre n'est pas clairement identifiable.

Demander une indemnisation pour maladie d'un animal

Quand utiliser ce modèle

Vous avez acheté un magnifique chiot à un éleveur. Malheureusement quelques mois après, vous avez découvert qu'il était atteint de surdité.

✉ *Recommandée avec avis de réception*

(*Nom*)
(*Adresse*)

(*Nom et adresse du vendeur*)

Lettre recommandée avec avis de réception

Objet : indemnisation pour maladie d'un animal

Ville, date

Madame, Monsieur,

Je vous ai acheté le (*date*) un chiot de race (*race du chien*) pour la somme de (*montant*) €. Il s'avère que ce chien est atteint de surdité congénitale.

Cette maladie n'est pas contagieuse et ne constitue pas un vice rédhibitoire. Toutefois, il est bien certain, comme l'atteste le docteur (*nom du vétérinaire*) que ce chien était atteint de cette affection lorsque vous me l'avez vendu. Vous trouverez ci-joint le certificat établi par le vétérinaire.

Il apparaît donc que vous ne pouviez ignorer cette affection, d'autant plus que vous m'avez affirmé que tous vos chiens étaient en bonne santé et régulièrement suivis par un vétérinaire.

Malgré ce handicap, nous avons bien entendu décidé de garder ce chiot. Toutefois, nous considérons que cette affection constitue un vice caché et vous demandons par conséquent une indemnisation à hauteur de 50 % du prix d'achat.

En espérant que nous pourrons régler cette affaire à l'amiable, je vous prie d'agréer, Madame, Monsieur, l'expression de mes salutations distinguées.

Signature

PJ : copie du certificat établi par le vétérinaire

La règle juridique

Si vous vous apercevez que l'animal que vous venez d'acheter est gravement malade, commencez par consulter un vétérinaire puis envoyer un courrier recommandé au vendeur après l'avoir appelé ou vous être déplacé.

Si un arrangement amiable se révèle impossible, vous pourrez alors entamer une action judiciaire sur le fondement du vice caché (article 1644 du Code civil). Elle est utile si votre animal est atteint d'une maladie ne figurant pas dans la liste des vices rédhibitoires ou si celle-ci se révèle trop tard. Mais il vous faudra apporter la preuve du vice, de son caractère caché et de son existence avant la vente.

Si la justice vous donne raison, vous pourrez choisir entre la résiliation de la vente avec restitution du prix et des frais engagés et le remboursement d'une partie du prix si vous préférez conserver l'animal.

Si les ventes d'animaux domestiques sont en principe régies par le Code rural et de la pêche maritime, la Cour de cassation, dans une décision récente, a jugé que les dispositions du Code de la consommation relatives à la garantie légale de conformité sont applicables à la vente d'animaux conclues entre un professionnel et un consommateur (Cour de cassation, 1re Chambre civile, 12 juin 2012, n°11-19104). Toutefois la loi n°2014-1170 du 13 octobre 2014 a précisé que la présomption de non-conformité prévue par l'article L. 217-7 du Code de la consommation ne s'applique pas en cas de vente d'animaux domestiques. Il appartient donc à l'acheteur d'animaux domestiques d'établir que l'animal était déjà malade lorsqu'il en a fait l'acquisition. L'intérêt de se prévaloir du Code de la consommation est dès lors limité. L'acheteur a alors la possibilité de demander le remplacement de l'animal ou une réduction du prix.

Les litiges avec votre opérateur de téléphonie ou d'Internet

Contester une facture téléphonique excessive

Quand utiliser ce modèle

Vous avez reçu une facture de téléphone que vous estimez trop élevée au vu de votre consommation réelle.

✉ *Recommandée avec avis de réception*

(*Nom*)
(*Adresse*)

(*Nom et adresse de votre opérateur téléphonique*)

Lettre recommandée avec avis de réception

Objet : contestation d'une facture téléphonique excessive
Référence : (*numéro de référence client*)

Ville, date

Madame, Monsieur,

Je reçois une facture de téléphone anormalement élevée d'un montant de (*montant*), pour la période du (*date*). Compte tenu qu'aucun changement n'est intervenu dans mes habitudes ou celles de ma famille, je ne comprends pas les raisons de cette hausse.

Je vous prie de bien vouloir mettre ma ligne en observation et m'adresser le détail des opérations effectuées.

Je vous règle cette facture sur la base de ma consommation habituelle, en attendant le résultat de votre enquête.

Je vous prie d'agréer, Madame, Monsieur, l'expression de mes salutations distinguées.

Signature

La règle juridique

Vous devez envoyer à votre opérateur (voir adresse sur la facture) une lettre de réclamation, de préférence recommandée avec avis de réception. L'opérateur réalisera alors une enquête à la fois technique et sur l'historique des consommations. Si vous n'obtenez pas gain de cause, vous devrez alors saisir le tribunal d'instance.

L'Association française des utilisateurs de télécommunications (10, avenue Frémiet - 75016 Paris - site Internet : www.afutt.org) peut vous aider à constituer votre dossier pour vous défendre au mieux contre l'opérateur.

Demander un délai pour payer une facture téléphonique

Quand utiliser ce modèle

Vous ne pouvez pas payer votre facture téléphonique dans les délais impartis.

✉ *Recommandée avec avis de réception*

(*Nom*)
(*Adresse*)

(*Nom et adresse du chef d'agence (pour Orange) ou Monsieur (ou Madame) le responsable relations clients (pour un autre opérateur téléphonique)*)

Lettre recommandée avec avis de réception

Objet : demande de délai pour payer une facture téléphonique
Référence : (*numéro de facture*)

Ville, date

Madame, Monsieur,

J'ai reçu hier ma dernière facture téléphonique. Elle concerne mon abonnement principal au numéro de téléphone suivant (*votre numéro de téléphone*), pour la période du (*date de début*) au (*date de fin*) (reporter les dates figurant sur la facture). Cette facture s'élève à (*montant de la facture*) € et je dois la régler avant le (*date limite de paiement figurant sur la facture*).

Malheureusement, je rencontre actuellement d'importantes difficultés financières (*expliquer rapidement votre situation : maladie grave, chômage, décès d'un proche…*) et il me paraît impossible de m'acquitter de cette somme dans les délais impartis.

Dans la mesure où je ne souhaite pas que vous suspendiez ma ligne pour défaut de paiement, je viens vous demander de me permettre (vous devez choisir entre les deux options suivantes) :

– de régler ce que je vous dois en échelonnant le paiement en (*nombre*) fois, avec un premier chèque joint à cette lettre, d'un montant de (*montant*) € (si la facture totale n'est pas très élevée, essayer de régler cette somme avant l'arrivée de la prochaine facture) ;
– de reporter le paiement de la totalité de la facture pour le (*date crédible et éventuellement justifier votre demande : la réception des allocations chômage à cette date, le début d'un nouveau travail…*).

Je vous prie d'agréer, Madame, Monsieur, l'expression de mes salutations distinguées.

Signature

La règle juridique

Il est impératif de faire cette demande dès la réception de la facture. À défaut de paiement dans les délais impartis, une première relance est envoyée, à l'issue de laquelle la ligne est coupée. Il est donc préférable d'anticiper une éventuelle coupure de ligne.

Suivant votre opérateur téléphonique, si vous n'avez plus d'abonnement chez Orange suite à un dégroupage total, les procédures peuvent être légèrement différentes. Il faut relire le contrat d'abonnement ou se faire préciser par téléphone les conditions que l'on peut vous appliquer.

Réduire le montant d'une facture téléphonique

Quand utiliser ce modèle

Vous avez des difficultés financières et vous souhaitez obtenir une réduction du montant de votre abonnement téléphonique.

(*Nom*)
(*Adresse*)

(*Nom et adresse de l'organisme gestionnaire de la prestation*[1])

Objet : réduction du montant d'une facture téléphonique
Référence : (*votre numéro de téléphone*)

Ville, date

Madame, Monsieur,

Étant bénéficiaire de (*préciser RSA, allocation de solidarité spécifique ou allocation aux adultes handicapés, invalide de guerre*), je souhaite que vous transmettiez à Orange mes coordonnées afin d'obtenir la réduction téléphonique à laquelle j'ai droit en vertu de l'article R. 20-34 du Code des postes et des communications électroniques.

Je vous prie d'agréer, Madame, Monsieur, l'expression de mes salutations distinguées.

Signature

1. Pour le RSA, s'adresser au centre communal ou intercommunal d'action sociale.
Pour l'allocation de solidarité spécifique, s'adresser à Pôle Emploi.
Pour l'allocation aux adultes handicapés, s'adresser à la caisse d'allocations familiales ou à la caisse de la mutualité sociale agricole.

La règle juridique

Une réduction du montant de l'abonnement téléphonique est accordée annuellement aux personnes qui ont droit au RSA et dont les revenus sont inférieurs à un montant forfaitaire qui varie en fonction de la composition du foyer et du nombre d'enfants à charge ou qui perçoivent l'allocation de solidarité spécifique ou l'allocation aux adultes handicapés.

Pour pouvoir bénéficier de cette réduction, il faut en faire la demande auprès de l'organisme qui vous verse la prestation.

Le montant de cette réduction est fixé à 4,21 € HT par mois (5,03 € TTC) (arrêté du 19 février 2010). Orange s'est engagé de son côté à offrir un tarif social d'abonnement stable de 6,49 € TTC par mois, contre 17,96 € habituellement.

Pour tout renseignement sur la réduction sociale, vous pouvez appeler le 0800 00 77 26 (n° vert).

Les bénéficiaires de la prime d'activité (anciennement RSA activité) qui complète des revenus modestes, ne peuvent pas bénéficier de la réduction sociale téléphonique.

Saisir le Médiateur des communications électroniques

Quand utiliser ce modèle

En litige avec un opérateur de téléphone, votre recours auprès de cet opérateur n'a pas abouti. Vous décidez de saisir le Médiateur des communications électroniques.

Formulaire de saisine du Médiateur http://www.mediateur-telecom.fr/ressources/media/files/Formulaire%20saisine%20web%2001%2012%2015.pdf

La règle juridique

Le Médiateur peut être saisi de tout litige opposant un consommateur à un opérateur de téléphone qui s'est engagé dans le cadre d'une charte à respecter un certain nombre de principes. Les signataires de cette charte représentent plus d'une vingtaine d'opérateurs. La démarche est gratuite, un simple courrier expliquant la situation suffit à saisir le Médiateur. À cette lettre doit être jointe la copie des différentes démarches déjà effectuées auprès de l'opérateur concerné (service clients et service consommateurs). Le Médiateur a en principe 2 mois (sauf cas complexe) pour rendre son avis ; les parties sont libres de le suivre ou non. Elles doivent en informer le Médiateur dans le mois suivant la date à laquelle elles ont eu communication de cet avis.

Le Médiateur ne peut pas être saisi si une action en justice a été introduite par l'une ou l'autre des parties, sauf si les deux parties y consentent expressément.

Site Internet : www.mediateur-telecom.fr

La saisine du Médiateur suspend les délais pour agir en justice. Une fois la décision du Médiateur rendue, si le différend subsiste, les parties peuvent saisir la justice.

Demander une indemnisation pour interruption du service de téléphonie

Quand utiliser ce modèle

Une interruption du service de téléphonie vous a empêché d'utiliser votre téléphone portable.

(*Nom*)
(*Adresse*)

(*Nom et adresse de l'opérateur)*

Objet : demande d'indemnisation pour interruption du service de téléphonie

Ville, date

Madame, Monsieur,

En date du (*date de souscription*), j'ai souscrit auprès de votre société un abonnement pour un téléphone mobile sous le numéro (*numéro et les caractéristiques de votre abonnement*).

Je tiens à vous informer que le (*date*) une interruption du service a eu lieu et a duré plus de 48 heures.

Utilisant ce téléphone à des fins professionnelles, cette interruption m'a causé un préjudice important.

Je souhaiterais être indemnisé pour ce préjudice à hauteur de (*montant du préjudice subi*) ou au moins bénéficier d'un geste commercial de votre part.

Je vous prie d'agréer, Madame, Monsieur, l'expression de mes salutations distinguées.

Signature

Demander le déverrouillage d'un téléphone portable

Quand utiliser ce modèle

Vous ne maîtrisez pas vraiment votre téléphone portable et vous vous êtes trompé dans vos codes. La carte SIM est donc bloquée.

✉ *Recommandée avec avis de réception*

(*Nom*)
(*Adresse*)

(*Nom et adresse de votre opérateur téléphonique*)

Lettre recommandée avec avis de réception

Objet : demande de déverrouillage d'un téléphone portable
Référence : (*votre numéro de téléphone*)

Ville, date

Madame, Monsieur,

Mon téléphone ne fonctionne plus depuis un certain temps. Je ne sais pas si je suis à l'origine de ce problème ou si le verrouillage a été fait par vos services. Je vous demande de bien vouloir me communiquer la procédure pour assurer le déverrouillage de mon téléphone portable.

Le contrat qui nous lie datant de plus de six mois, je vous rappelle que ce code doit m'être communiqué gratuitement, sur simple demande de ma part.

Je vous prie d'agréer, Madame, Monsieur, l'expression de mes salutations distinguées.

Signature

La règle juridique

La carte SIM d'un téléphone portable est un véritable sésame. Sans elle, pas question de communiquer. Un opérateur peut verrouiller cette carte pour diverses raisons : non-paiement de vos factures, usage anormal, vol...

Dans tous les cas, l'opérateur doit vous donner le code de déverrouillage si le verrouillage n'est pas justifié.

Si vous êtes abonné depuis moins de 3 mois, l'opérateur peut vous réclamer des frais. Au-delà de cette période, c'est gratuit.

S'opposer à des courriers électroniques publicitaires

Quand utiliser ce modèle

Si vous ne souhaitez plus recevoir d'e-mails publicitaires, vous pouvez écrire à l'expéditeur en lui demandant de cesser ces envois.

✉ *Recommandée avec avis de réception*

(Nom)
(Adresse)

(Nom et adresse de la société)

Lettre recommandée avec avis de réception

Objet : opposition à des courriers électroniques publicitaires

Ville, date

Madame, Monsieur,

À plusieurs reprises, vous m'avez envoyé des courriers électroniques que je n'avais pas sollicités (*dates de ces e-mails*). Ces courriers ont un caractère publicitaire, or, je ne vous ai jamais autorisé à m'envoyer une telle publicité.

Je vous indique que vous n'avez pas le droit d'effectuer de la prospection directe, par voie de courrier électronique, auprès d'une personne physique, sans avoir préalablement recueilli son consentement. Je vous demande donc de cesser immédiatement de m'envoyer des courriers électroniques et de me radier de vos fichiers.

À défaut de réponse dans les brefs délais, je n'hésiterai pas à porter plainte contre vous.

Je vous prie d'agréer, Madame, Monsieur, l'expression de mes salutations distinguées.

Signature

La règle juridique

Certaines publicités sur Internet vous invitent à recevoir, si vous le souhaitez des publicités d'offres partenaires. Sachez que cette mention n'est pas anodine. En effet, si vous cliquez oui, vous recevrez en toute légalité ces publicités. Mais si vous répondez non, vous aurez parfaitement le droit de vous opposer à ces messages publicitaires non sollicités, puisqu'ils auront été transmis sans votre accord.

L'auteur de cette pratique encourt une amende administrative dont le montant maximal est fixé à 3 000 € pour une personne physique et 15 000 € pour une personne morale.

Porter plainte suite à la réception de courriers électroniques publicitaires

Quand utiliser ce modèle

Malgré les nombreux courriers que vous avez adressés à l'expéditeur d'e-mails publicitaires pour qu'il cesse ces envois, vous continuez à recevoir de la publicité. Vous portez plainte auprès du procureur de la République.

✉ *Recommandée avec avis de réception*

(*Nom*)
(*Adresse*)

Tribunal de grande instance
(*Adresse*)

Lettre recommandée avec avis de réception

Objet : plainte suite à la réception de courriers électroniques publicitaires

Ville, date

Monsieur le procureur de la République,

La société (*nom de la société*) m'adresse régulièrement des courriers électroniques publicitaires à cette adresse e-mail personnelle (*adresse personnelle*) Or, je n'ai à aucun moment exprimé mon consentement à les recevoir.

D'après l'article L. 34-5 du Code des postes et des communications électroniques, « est interdite la prospection directe au moyen de système automatisé de communications électroniques au sens du 6° de l'article L. 32, d'un télécopieur ou d'un courrier électronique utilisant les coordonnées d'une personne physique, abonné ou utilisateur, qui n'a pas exprimé préalablement son consentement à recevoir des prospections directes par ce moyen ».

Je vous prie de croire, Monsieur le procureur de la République, en ma haute considération.

Signature

La règle juridique

La publicité par courrier électronique est possible dès lors que la personne sollicitée a expressément donné son accord pour être démarchée.

La personne doit cependant pouvoir, au moment de la collecte de ses coordonnées être informée que son adresse électronique sera utilisée à des fins de prospection. De plus, la personne doit être en mesure de pouvoir s'opposer simplement et gratuitement aux sollicitations multiples. Un lien pour se désinscrire à la fin du message est fréquemment proposé par le biais d'une case à cocher.

L'auteur de spam, courriel non sollicité, risque une peine d'emprisonnement de 5 ans et 300 000 € d'amende (délit prévu par les articles 226-18 et 226-18-1 du Code pénal).

Faire une réclamation auprès de son fournisseur d'accès à Internet

Quand utiliser ce modèle

Abonné à Internet, vous ne bénéficiez pas d'une connexion satisfaisante. Vous écrivez à votre fournisseur d'accès pour demander un dédommagement.

✉ *Recommandée avec avis de réception*

(*Nom*)
(*Adresse*)

(*Nom et adresse de votre fournisseur Internet*)

Lettre recommandée avec avis de réception

Objet : réclamation auprès de (*nom du fournisseur*)

Ville, date

Madame, Monsieur,

J'ai souscrit un abonnement à Internet de type (*nom de l'offre*) par contrat le (*date de signature du contrat*), pour une durée de (*durée de l'abonnement*) mois, au prix de (*prix de l'abonnement*) euros par mois.

Dans le cadre de cet abonnement, je vous ai autorisé à prélever la somme de (*somme*) euros chaque mois sur mon compte numéro (*numéro de compte*) à la banque (*coordonnées bancaires*).

Or, je rencontre des problèmes de connexion depuis (*nombre*) semaines (ou mois) (*indiquer depuis combien de temps vous avez des problèmes de connexion*). En effet, (*décrire votre problème : connexion irrégulière, connexion inexistante, etc.*).

À ce jour, je n'ai encore reçu aucune lettre explicative de votre part m'informant de l'origine du problème. En revanche, vous avez continué à effectuer les prélèvements bancaires chaque mois.

De ce fait, je vous demande de me contacter le plus vite possible afin de régulariser cette situation. J'espère recevoir de votre part soit une offre de remboursement, soit un geste commercial pour me dédommager de l'absence de connexion. À défaut de réponse, j'envisage de rompre le contrat pour inexécution de vos obligations contractuelles et, s'il le faut, d'entamer des poursuites judiciaires afin de récupérer les sommes prélevées sur la période concernée.

Je vous prie d'agréer, Madame, Monsieur, l'expression de mes salutations distinguées.

Signature

PJ : copie du contrat et dernières factures

La règle juridique

Si vous avez souscrit un contrat d'abonnement auprès d'un fournisseur d'accès à Internet et si la connexion Internet n'est pas satisfaisante (absence totale de connexion, coupures régulières, etc.), celui-ci devrait normalement vous informer de l'origine du problème et vous proposer une forme de dédommagement (soit un geste commercial, soit le remboursement des sommes payées sur la période au cours de laquelle vous avez rencontré des problèmes pour vous connecter). À défaut, vous pouvez tenter une conciliation à l'amiable afin de régulariser la situation avant d'engager des poursuites judiciaires.

Les litiges avec votre fournisseur d'énergie

Contester une facture excessive (EDF)

Quand utiliser ce modèle

EDF vous a adressé une facture d'électricité qui vous semble excessive.

✉ *Recommandée avec avis de réception*

(*Nom*)
(*Adresse*)

(*Nom et adresse de votre fournisseur d'énergie*)

Lettre recommandée avec avis de réception

Objet : contestation d'une facture
Référence : (*numéro de référence client*)

Ville, date

Madame, Monsieur,

J'ai reçu ma dernière facture EDF qui laisse apparaître une consommation très élevée de kWh, pour la période (*date*). Je suis surpris(e) car je n'ai pas changé mes appareils, ni même modifié mes habitudes de consommation.

Je vous prie de bien vouloir procéder à un nouveau relevé de compteur et vérifier le bon fonctionnement de celui-ci.

Je vous remercie de bien vouloir me confirmer par écrit votre intervention.

Signature

La règle juridique

Adressez à votre agence commerciale EDF dès réception de la facture une lettre de réclamation. Une enquête sera alors ouverte : vérification de l'index et du comptage, comparaison avec les factures antérieures...

Vous pouvez réclamer le remboursement du trop-perçu pendant 5 ans.

Si le montant annuel de vos revenus n'excède pas le plafond de ressources pour l'obtention de la couverture maladie universelle complémentaire ou si vous êtes éligible à l'ACS (assurance complémentaire santé), ou si votre revenu fiscal de référence ne dépasse pas 2 175 €, vous pouvez bénéficier d'une tarification spéciale : le tarif de première nécessité (ou tarif social). Ce tarif se traduit par une réduction de l'abonnement de 3 à 9 kWh pour la résidence principale et à une réduction sur les 100 premiers kWh consommés par mois. Le montant de cette réduction peut aller de 71 € (personne seule) à 140 € (plus de 5 personnes). Depuis le 1 janvier 2016, le chèque énergie remplace les tarifs sociaux de l'énergie. Il est expérimenté depuis lors dans 4 départements : Ardèche, Aveyron, Côtes d'Armor et Pas-de-Calais.

Demander une indemnisation suite à une panne de courant

Quand utiliser ce modèle

Coupure d'électricité intempestive, panne de courant dans votre quartier… et certains de vos appareils électriques sont depuis inutilisables. Vous souhaitez être indemnisé.

✉ *Recommandée avec avis de réception*

(*Nom*)
(*Adresse*)

(*Nom et adresse de votre fournisseur d'énergie*)

Lettre recommandée avec avis de réception

Objet : demande d'indemnisation suite à une panne
Référence : (*numéro de référence client*)

Ville, date

Madame, Monsieur,

Une panne de courant (ou une surtension) est survenue le (*noter la date, à défaut de l'heure si vous n'étiez pas là*).

Elle a entraîné des dommages dans mon logement (*expliquer précisément les dégâts occasionnés : les appareils électriques et notamment le congélateur sont depuis inutilisables ; absent de l'habitation au moment des faits, je n'ai pas pu intervenir et les aliments contenus dans le congélateur sont devenus impropres à la consommation*).

Je viens donc vous demander d'envisager une indemnisation pour le préjudice subi que j'estime à (*montant*) € Cette estimation est faite à partir des factures d'achat (des denrées alimentaires contenues dans le congélateur, des appareils électriques remplacés) que je joins à ce courrier.

Vous trouverez également dans ce dossier un certificat attestant que les appareils dont je vous ai parlé dans le début de ce courrier sont irréparables.

Je vous remercie de bien vouloir me confirmer par écrit votre intervention.

Je vous prie d'agréer, Madame, Monsieur, l'expression de mes salutations distinguées.

Signature

PJ : facture d'achat et certificat

La règle juridique

Une coupure de courant ou une surtension entraînent rarement des dégâts. Si la coupure de courant se prolonge, les appareils de conservation se dégivrent, entraînant alors la perte des denrées alimentaires qu'ils contenaient. Certains appareils refusent ensuite de redémarrer et deviennent irréparables. Une panne peut également arrêter des appareils électriques médicaux (respirateurs, dialyse...) et avoir des conséquences sur la santé et la sécurité des personnes qui en bénéficient normalement.

Quand une panne ou une coupure sauvage empêche un usager de l'électricité d'avoir accès à cette électricité, le fournisseur d'énergie engage sa responsabilité. Mais vous devez prouver un préjudice afin d'obtenir une indemnisation. Conservez toutes les preuves en votre possession (appareils défectueux) et faites établir par un professionnel un certificat attestant que les appareils sont irréparables.

Vous pouvez demander qu'un agent de votre fournisseur d'énergie se déplace pour constater les dégâts et l'idéal est d'apporter la preuve (ticket de caisse, de carte bancaire) que le congélateur avait récemment été réapprovisionné.

En cas de dommages physiques dus à l'arrêt d'un respirateur ou à une chute par exemple, n'oubliez pas de joindre un certificat médical.

N'hésitez pas à faire parallèlement une déclaration à votre assureur. En effet, de nombreuses assurances multirisques habitation comportent une clause prévoyant une indemnisation dans de tels cas.

Saisir le Médiateur national de l'énergie

Quand utiliser ce modèle

Vous avez un litige avec un fournisseur d'électricité ou de gaz naturel, vous saisissez le Médiateur national de l'énergie pour tenter de régler ce litige.

✉ *Recommandée avec avis de réception*

(*Nom*)
(*Adresse*)

Médiateur national de l'énergie
Libre réponse n° 59252
75443 Paris Cedex 09

Lettre recommandée avec avis de réception

Objet : facture d'électricité – contestation de pénalités de retard

Ville, date

Monsieur le Médiateur national de l'énergie,

J'ai un litige avec mon fournisseur d'électricité, la société (*identité de votre fournisseur*).

Expliquer les raisons de votre saisine

Par exemple :

J'ai reçu une note d'électricité dont le montant total correspondait à 24 mois de consommation ; Or cette estimation ne prenait pas en compte les auto-relevés de compteur effectués régulièrement. Mon fournisseur d'énergie refuse de revoir l'ajustement de consommation envoyé, et cela en dépit de la loi de transition énergétique pour la croissance verte du 17 Août 2015.

Je vous saisis donc de ce dossier et vous demande de prendre une recommandation à l'égard de ce fournisseur d'électricité.

En vous remerciant de votre diligence, je vous prie de croire, Monsieur le Médiateur national de l'énergie, à ma considération distinguée.

Signature

PJ :
– factures
– copie des courriers échangés avec la société (*identité de votre fournisseur*)
– copie du contrat de fourniture d'électricité
– copie des auto-relevés effectués

La règle juridique

Le Médiateur national de l'énergie a pour mission d'émettre des recommandations en cas de litige entre un consommateur et un fournisseur d'électricité ou de gaz lors de l'exécution du contrat.

La saisine du Médiateur national de l'énergie est gratuite, elle se fait par courrier. Vous devez, toutefois, préalablement à sa saisine avoir effectué une réclamation écrite auprès de votre fournisseur et ne pas avoir obtenu de réponse dans un délai de 2 mois ou ne pas être satisfait de la solution proposée. Vous disposez alors d'un délai de 2 mois pour saisir le Médiateur. Celui-ci dispose alors, à compter de votre saisine, de 2 mois pour vous répondre. Il peut convoquer les parties pour les entendre.

Il peut également être saisi par l'intermédiaire de SOLLEN. Il s'agit d'une plateforme de règlement en ligne des litiges mise en place par le Médiateur national de l'énergie. Cette plateforme est accessible à partir du site Internet du Médiateur de l'énergie.

Vous joindrez à votre demande l'ensemble des pièces nécessaires à la compréhension de votre demande (factures, lettres, contrat d'abonnement...).
Site Internet : www.energie-mediateur.fr

Depuis le 17 Août 2016, les fournisseurs d'énergie ne peuvent demander une régularisation de facture de gaz ou d'électricité que sur 14 mois. Cette disposition découle de la loi de transition énergétique pour la croissance verte.

À noter que les gestionnaires de réseaux de distribution d'énergie ont deux mois supplémentaires pour contacter les clients dont le relevé n'aura pu être réalisé dans l'année.

Cependant, si vous ne transmettez pas votre relevé de consommation en cas de relance du fournisseur, si le fournisseur ne peut accéder au compteur et en cas de fraude, le fournisseur sera toujours en droit de vous facturer plus de 14 mois de consommation.

S'abonner ou résilier son abonnement à l'eau potable

Quand utiliser ce modèle

Vous emménagez ou au contraire vous quittez votre logement ; vous devez faire une demande d'abonnement ou de résiliation à la compagnie des eaux qui gère votre commune.

(*Nom*)
(*Adresse*)

(*Nom et adresse de votre compagnie des eaux*)

Objet : abonnement ou résiliation
Référence : (*numéro de référence client et numéro de compteur*)

Ville, date

Madame, Monsieur,

Je soussigné(e) (*vos nom et prénom*), domicilié(e) à (*votre nouvelle adresse*), vous informe que j'emménage à l'adresse mentionnée ci-dessus à partir du (*date d'arrivée dans votre nouveau logement*), précédemment occupé par (*nom et prénom de l'ancien occupant du logement*). Par conséquent, je souhaite souscrire un contrat d'abonnement à l'eau potable.

(En cas de résiliation, si vous quittez votre logement)

Je soussigné(e) (*vos nom et prénom*), domicilié(e) à (*votre adresse actuelle*), vous informe que je quitte mon logement à partir du (*date de départ*) pour me loger à l'adresse suivante : (*votre nouvelle adresse*). Par conséquent, je souhaite résilier mon contrat d'abonnement à l'eau.

Signature

La règle juridique

En cas d'emménagement ou de déménagement, il est nécessaire de faire une demande d'abonnement ou de résiliation à la compagnie des eaux qui approvisionne votre commune en eau potable. C'est à partir du numéro qui figure sur votre compteur d'eau que la compagnie pourra vous approvisionner ou au contraire cesser de vous approvisionner en eau potable. Vous pouvez également faire cette démarche auprès de la mairie de votre domicile.

N'oubliez pas dans les deux cas de mentionner le numéro du compteur d'eau.

Obtenir un dégrèvement sur une facture d'eau

Quand utiliser ce modèle

Vous avez découvert une fuite d'eau sur le réseau qui alimente votre propriété. Vous souhaitez obtenir un dégrèvement.

(*Nom*)
(*Adresse*)

(*Nom et adresse de la compagnie des eaux et de la mairie*)

Objet : demande d'obtention d'un dégrèvement sur une facture d'eau
Référence : (*numéro de référence client*)

Ville, date

Madame, Monsieur,

J'ai l'honneur de solliciter le dégrèvement des taxes locales et plus particulièrement, celui de la taxe d'assainissement. En effet, j'ai découvert une fuite d'eau très importante sur mon réseau d'alimentation, qui a augmenté considérablement le montant de ma facture.

Je vous remercie de bien vouloir étudier ma demande.

Je vous prie d'agréer, Madame, Monsieur, l'expression de mes salutations distinguées.

Signature

La règle juridique

Le coût du service de l'eau comprend :

- l'assanissement ;
- la distribution ;
- les redevances et taxes.

Si vous avez eu une fuite sur votre installation, vous pouvez regarder si votre contrat d'assurance d'habitation couvre ce dommage.

Vous pouvez demander également à la compagnie des eaux ou à la mairie de vous accorder un dégrèvement gracieux.

En cas de réponse insatisfaisante ou d'absence de réponse depuis plus de deux mois, vous pouvez saisir le Médiateur de l'eau par lettre simple (Mediation de l'Eau BP 40 463 75366 Paris Cedex 08) ou via le site dédié (http://www.mediation-eau.fr). Il vous faudra joindre à cette saisine une copie des courriers envoyés au service des eaux.

Contester une facture d'eau

Quand utiliser ce modèle

Vous venez de recevoir votre facture d'eau et vous êtes surpris car elle vous semble anormalement élevée par rapport à votre consommation habituelle.

✉ *Recommandée avec avis de réception*

(*Nom*)
(*Adresse*)

(*Nom et adresse la société distributrice de l'eau*)

Lettre recommandée avec avis de réception

Objet : contestation d'une facture d'eau
Référence : (*numéro de référence client*)

Ville, date

Madame, Monsieur,

La facture n° (*numéro de facture*) du (*date de la facture*), couvrant la période du (*date de début*) au (*date de fin*), que je viens de recevoir m'a fortement surpris. Elle me paraît particulièrement élevée si je la compare aux factures habituelles pour cette période qui s'élèvent, en moyenne, à (*montant*) €.

Je suis d'autant plus étonné que (*donner des raisons : nos habitudes n'ont pas changé et notre famille ne s'est pas agrandie*). Je m'interroge sur les raisons de cette hausse brutale.

En conséquence, je voudrais savoir s'il est possible de (*procéder à un nouveau relevé de compteur, faire vérifier le bon fonctionnement du compteur*).

Je vous règle cette facture sur la base de ma consommation habituelle, en attendant le résultat de votre enquête.

Je vous prie d'agréer, Madame, Monsieur, l'expression de mes salutations distinguées.

Signature

La règle juridique

Avant de contester une facture, vérifiez les chiffres de votre compteur si vous y avez accès, et comparez-les avec ceux de votre facture. Vous saurez déjà s'il n'y a pas eu une erreur au moment de la transcription des relevés.

Demandez ensuite à la compagnie des eaux dont vous dépendez de procéder à un certain nombre de vérifications. Si le problème ne vient pas de la compagnie, vous devrez procéder à des vérifications personnelles pour détecter une fuite dans votre logement (robinet, chasse d'eau, canalisation...).

Les litiges liés aux vacances

Réagir à l'annulation d'un voyage faite par l'agence de voyages

Quand utiliser ce modèle

Vous avez acheté un séjour auprès d'un voyagiste qui décide d'annuler le voyage.

✉ *Recommandée avec avis de réception*

(*Nom*)
(*Adresse*)

(*Nom et adresse de l'agence de voyages*)

Lettre recommandée avec avis de réception

Objet : annulation d'un voyage
Référence : (*numéro de dossier*)

Ville, date

Madame, Monsieur,

Vous m'avez adressé le (*date*) un courrier m'indiquant que le voyage prévu du (*date de début du voyage*) au (*date de fin du voyage*) était annulé.

Je souhaite donc obtenir la restitution des sommes que j'ai versées, soit un montant de (*montant*). De même, conformément à l'article R. 211-10 du Code du tourisme, vous êtes redevable d'une pénalité équivalente à celle que j'aurais dû payer si j'avais été à l'origine de l'annulation, soit la somme de (*montant de la pénalité*).

Vous devez donc me verser au total la somme de (*montant total*).Dans l'attente de votre règlement, je vous prie d'agréer, Madame, Monsieur, l'expression de mes salutations distinguées.

Signature

PJ : factures

La règle juridique

En vertu des dispositions des articles L. 211-14 et R. 211-10 du Code du tourisme, le voyagiste qui annule un voyage avant le départ doit vous restituer les sommes versées. De plus, il vous doit une pénalité égale à celle que vous auriez payée si vous étiez à l'origine de l'annulation (par exemple, si le contrat prévoyait en cas d'annulation de votre part une pénalité de 150 €, l'agence de voyages devra vous verser la même somme).

Si vous estimez que le préjudice subi est supérieur au montant de la pénalité, vous pouvez demander au voyagiste des dommages-intérêts.

Annuler un voyage avec assurance annulation

Quand utiliser ce modèle

Vous êtes contraint d'annuler un voyage réservé auprès d'un voyagiste. Vous aviez souscrit une assurance annulation.

✉ *Recommandée avec avis de réception*

(*Nom*)
(*Adresse*)

(*Nom et adresse de l'agence de voyages*)

Lettre recommandée avec avis de réception

Objet : annulation d'un voyage avec assurance annulation
Référence : (*numéro de dossier*)

Ville, date

Madame, Monsieur,

J'ai réservé auprès de votre agence un séjour à destination de (*pays de destination*) du (*date de début*) au (*date de fin*).

Malheureusement, je me vois dans l'obligation de résilier le contrat que nous avons signé le (*date*).

En effet, (*décrire les circonstances : je suis tombé(e) malade, mon père est décédé, etc.*). Vous trouverez ci-joint le document justificatif.

Comme il est indiqué dans le contrat d'assurance annulation que j'ai souscrit (*indiquer les références du contrat*), ce fait constitue un cas de force majeure.

Aussi, je vous demande de bien vouloir me rembourser les sommes déjà versées, soit (*montant*) €.

Dans l'attente de votre règlement, je vous prie d'agréer, Madame, Monsieur, l'expression de mes salutations distinguées.

Signature

PJ : justificatif, par exemple : certificat médical

Adressez également un courrier à l'assureur.

La règle juridique

À la réservation d'un voyage, dans la majorité des cas, une assurance annulation vous sera proposée. Vérifiez que vous n'en disposez pas déjà grâce à votre carte de crédit. Dans tous les cas, lisez attentivement les clauses de ce contrat : les exclusions sont nombreuses.

Si vous vous rétractez en raison d'un cas de force majeure inscrit dans le contrat, vous devez être remboursé des sommes versées. L'article 1218 du Code civil définit la force majeure comme étant « l'événement échappant au contrôle du débiteur, qui ne pouvait être raisonnablement prévu lors de la conclusion du contrat et dont les effets ne peuvent être évités par des mesures appropriées ». Autrement dit, l'évènement doit être imprévisible (on ne peut pas l'anticiper) et irrésistible (on ne peut pas lutter contre lui). En cas de force majeure, l'acheteur n'est donc pas tenu par sa réservation.

Par ailleurs, la maladie peut déclencher la mise en œuvre de la garantie annulation souscrite. Pour ce faire, vous devez prouver :

- la réalité de la maladie alléguée (feuilles de soins...) ;
- son incompatibilité avec le voyage prévu (de préférence indiquée expressément dans le certificat médical). (Cour de cassation, 2e chambre civile, 18 février 2010).

Toutefois, certains contrats prévoient une retenue dont le montant varie selon la date d'annulation tandis que d'autres prévoient une franchise.

Sachez que vous pouvez revendre à un tiers votre voyage.

Annuler un voyage sans assurance annulation

Quand utiliser ce modèle

Vous êtes contraint d'annuler un voyage réservé auprès d'un voyagiste. Vous n'aviez pas souscrit d'assurance annulation.

✉ *Recommandée avec avis de réception*

(*Nom*)
(*Adresse*)

(*Nom et adresse de l'agence de voyages*)

Lettre recommandée avec avis de réception

Objet : annulation d'un voyage sans assurance annulation
Référence : (*numéro de dossier*)

Ville, date

Madame, Monsieur,

J'ai réservé auprès de votre agence un voyage à destination de (*pays de destination*) du (*date de début*) au (*date de fin*).

Malheureusement, je me vois dans l'obligation de résilier le contrat que nous avons signé le (*date*).

En effet, (*décrire les circonstances : je suis tombé(e) malade, mon père est décédé, etc.*). Vous trouverez ci-joint le document justificatif.

Je vous prie d'agréer, Madame, Monsieur, l'expression de mes salutations distinguées.

Signature

PJ : justificatif, par exemple : certificat médical

La règle juridique

Vérifiez attentivement les pénalités d'annulation. Variables d'une agence à l'autre, elles sont d'autant plus élevées que la date de départ se rapproche et peuvent atteindre 100 % du prix du voyage si l'annulation intervient dans les 24 ou 48 heures précédant le départ. Comme c'est, en principe, la date à laquelle l'agence est informée qui est prise comme référence pour calculer le montant de la pénalité, ne perdez surtout pas de temps.

Contester le non-respect du programme auprès d'une agence de voyages

Quand utiliser ce modèle

Vous étiez inscrit à un séjour en Laponie comportant de nombreuses excursions. Or, certaines visites prévues au programme n'ont pas été effectuées.

✉ *Recommandée avec avis de réception*

(*Nom*)
(*Adresse*)

(*Nom et adresse de l'agence de voyages*)

Lettre recommandée avec avis de réception

Objet : non-respect du programme lors d'un séjour en (*destination*)
Référence : (*numéro de dossier*)

Ville, date

Madame, Monsieur,

Vous m'avez vendu un voyage à (*lieu*) pour la somme de (*montant*) €. Le séjour devait comporter les prestations suivantes : (*indiquer les prestations*). Or, (*décrire les modifications intervenues*).

Vos obligations contractuelles n'ont donc été que partiellement remplies. En vertu de l'article L. 211-15 du Code du tourisme, je vous demande de me rembourser les prestations non exécutées.

En outre, je vous prie de me verser la somme de (*montant*) €, à titre de dommages-intérêts, en réparation du préjudice subi. À défaut, je me verrais dans l'obligation de saisir la juridiction compétente.

Je vous prie d'agréer, Madame, Monsieur, l'expression de mes salutations distinguées.

Signature

La règle juridique

L'article L. 211-15 du Code du tourisme oblige le vendeur qui n'a pas respecté ses engagements à prendre les dispositions suivantes :

- l'agence de voyages doit proposer le remplacement des prestations prévues au contrat. Si les prestations sont de qualités supérieures, le vendeur doit supporter le supplément de prix. En revanche, si elles sont inférieures, il doit vous rembourser la différence ;
- l'agence de voyages devra vous fournir un titre de transport pour assurer votre retour si vous n'acceptez pas la modification.

Dans les deux cas, vous pouvez demander des dommages-intérêts en démontrant que le manquement de l'agence de voyages à ses engagements vous a causé un préjudice.

En cas de différend avec une agence de voyages, vous pouvez saisir un Médiateur du tourisme et des voyages afin de tenter de trouver un accord. Le dispositif de médiation est désormais consacré dans les articles L. 611-1 et suivants du Code de la consommation, depuis la transposition de la directive européenne 2013/11 qui prévoit la généralisation des mécanismes de résolution amiable des litiges entre professionnels et consommateurs dans tous les secteurs d'activité Cette saisine ne peut toutefois intervenir qu'après avoir épuisé les recours auprès de l'agence de voyages et notamment après avoir saisi le service client.

Tout professionnel doit communiquer au consommateur, les coordonnées du ou des médiateurs compétents dont il relève (dans les conditions générales de vente notamment). Pour saisir le Médiateur Tourisme Voyage, vous remplirez un formulaire de réclamation et vous l'adresserez avec l'ensemble des pièces à l'adresse suivante :

MTV Médiation Tourisme Voyage

BP 80 303 -75823 Paris Cedex 17

Vous vous procurez le formulaire de réclamation sur le site Internet de MTV : www.mtv.travel.

À noter : La saisine du Médiateur doit s'effectuer dans un délai d'un an à compter de votre réclamation écrite.

Porter réclamation pour une réservation dans un hôtel inexistant

Quand utiliser ce modèle

L'hôtel que vous aviez réservé dans le cadre d'un séjour aux États-Unis est fermé depuis bien longtemps mais vous ne l'avez appris qu'une fois sur place...

✉ *Recommandée avec avis de réception*

(*Nom*)
(*Adresse*)

(*Nom et adresse de l'agence de voyages*)

Lettre recommandée avec avis de réception

Objet : réclamation suite à une réservation dans un hôtel inexistant
Référence : (*numéro de dossier*)

Ville, date

Madame, Monsieur,

Vous m'avez vendu, par contrat en date du (*date de signature du contrat*) un voyage à destination de (*pays de destination*), du (*date de début*) au (*date de fin*).

Je devais séjourner à l'hôtel (*nom de l'hôtel*). Or, lorsque je suis arrivé(e) à destination, on m'a informé(e) que cet hôtel était fermé depuis de nombreuses années. Nous avons été relogés dans un autre hôtel mais de catégorie inférieure et éloigné du centre-ville.

Je me permets de vous rappeler que selon l'article L. 211-16 du Code du tourisme « toute personne physique ou morale qui se livre aux opérations mentionnées à l'article L. 211-1 est responsable de plein droit à l'égard de l'acheteur de la bonne exécution des obligations résultant du contrat, que ces obligations soient à exécuter par elle-même ou par d'autres prestataires de services, sans préjudice de son droit de recours contre ceux-ci. »

Je considère avoir été induit en erreur et avoir subi un préjudice matériel et/ou moral. En effet, (*décrire le préjudice subi*).

Par conséquent, je demande réparation de ce préjudice que j'évalue à hauteur de (*montant*) €. Vous trouverez ci-joint les documents justificatifs.

Dans l'attente de votre règlement, je vous prie d'agréer, Madame, Monsieur, l'expression de mes salutations distinguées.

Signature

PJ : justificatif(s) prouvant le préjudice subi

La règle juridique

Dès lors que vous réservez auprès d'une agence de voyage plusieurs prestations (vente de billet d'avion et réservation d'une chambre d'hôtel) il y a vente d'un forfait touristique. Ce forfait touristique fait l'objet d'une réglementation protectrice pour le client qu'il s'agisse d'un voyage professionnel ou non professionnel.

Pour toutes les prestations incluses dans le forfait touristique, le vendeur est responsable. Il doit mettre en place des solutions de remplacement de qualité équivalente ou supérieure. Les modifications du séjour entraînant un surcoût doivent être acquittées par le vendeur.

À défaut de prestation de remplacement, le client doit être remboursé (totalement ou partiellement).

Si le voyage faisant la publicité d'une prestation non réalisée pourtant déterminante de votre volonté d'acheter le voyage, l'agence peut être coupable de publicité mensongère. Vous pouvez à cet égard saisir la Direction départementale de la protection des populations (DDPP) de votre domicile ou porter plainte auprès du procureur de la République.

La réclamation doit être portée à l'agence dans les 30 jours suivant la date de retour du voyage.

Réagir en cas de surbooking

Quand utiliser ce modèle

Vous avez acheté un billet pour vous rendre à Copenhague. Vous apprenez à votre arrivée à l'aéroport que vous ne pourrez pas embarquer car il n'y a plus de places disponibles.

✉ *Recommandée avec avis de réception*

(*Nom*)
(*Adresse*)

(*Nom et adresse de la compagnie aérienne*)

Lettre recommandée avec avis de réception

Objet : constatation d'un surbooking

Ville, date

Madame, Monsieur,

J'ai acheté le (*date*) un billet d'avion pour le vol n° (*numéro de vol*), partant de (*ville*), et à destination de (*ville*), dont le départ était prévu à (*horaire*).

Toutefois, j'ai appris à l'aéroport que je ne pouvais pas prendre mon avion car il n'y avait pas de place disponible.

En vertu des dispositions du règlement communautaire n°261/2004 du 11 février 2004, je vous prie de bien vouloir me rembourser mon billet et me verser une indemnité de 250 (ou 400, ou 600) €.

Je vous prie d'agréer, Madame, Monsieur, l'expression de mes salutations distinguées.

Signature

La règle juridique

Conformément aux dispositions du règlement communautaire du 11 février 2004, vous pouvez demander, outre le remboursement du billet, le versement d'une indemnité forfaitaire qui varie en fonction du nombre de kilomètres à parcourir.

Depuis le 17 février 2005, vous percevrez :

- 250 € pour les vols de 1 500 km ou moins ;
- 400 € pour tous les vols intracommunautaires de plus de 1 500 km et pour tous les autres vols de 1 500 à 3 500 km ;
- 600 € pour tous les vols qui ne relèvent pas des deux premiers cas. En outre, vous pourrez choisir de prendre un autre vol dès que possible, avec la prise en charge de vos repas et de votre hébergement ou demander le remboursement de votre billet.

Cette indemnité est toutefois diminuée de moitié si le transporteur vous propose un vol de remplacement qui vous conduit à destination dans un délai de 2 heures, par rapport à l'heure d'arrivée du vol initial, pour tous les vols de 1 500 km ou moins, de 3 heures pour tous les vols intracommunautaires de plus de 1 500 km et pour tous les autres vols de 1 500 à 3 500 km, ou de 4 heures pour tous les autres vols.

Contester la révision du prix d'un séjour (agence de voyages)

Quand utiliser ce modèle

Vous avez acheté un voyage dans une agence. Avant votre départ, vous recevez un courrier vous demandant de verser un supplément de prix car le coût du voyage a augmenté.

✉ *Recommandée avec avis de réception*

(*Nom*)
(*Adresse*)

(*Nom et adresse de l'agence de voyages*)

Lettre recommandée avec avis de réception

Objet : refus d'une augmentation du prix d'un séjour
Référence : (*numéro de dossier*)

Ville, date

Madame, Monsieur,

Vous m'avez adressé un courrier m'annonçant la hausse du prix du voyage que j'ai acheté dans votre agence le (*date d'achat*).

1re hypothèse : la révision du prix intervient moins de 30 jours avant le départ :

Je tiens à vous rappeler que, conformément à l'article L. 211-12 du Code du tourisme, aucune augmentation ne peut intervenir moins d'un mois avant le départ.

2e hypothèse : aucune clause de révision de prix n'est prévue au contrat :

Le contrat que nous avons conclu ne contient aucune clause de révision de prix. Aussi, conformément à l'article L. 211-12 du Code du tourisme, vous ne pouvez pas réviser le prix convenu.

3e hypothèse : modalités de calcul définies de façon imprécises :

Mon contrat n'indique qu'une référence très vague au mode de calcul à appliquer en cas de révision du prix. Or, l'article R. 211-8 du Code du tourisme stipule que le contrat doit mentionner les modalités précises de calcul.

En conséquence, je refuse cette augmentation de prix.

Je vous prie d'agréer, Madame, Monsieur, l'expression de mes salutations distinguées.

Signature

La règle juridique

Le voyagiste ne peut en aucun cas augmenter le prix du voyage moins d'un mois avant le départ. Dans le cas contraire, il pourra vous demander le versement d'un supplément si le contrat le prévoit et en fonction d'un mode de calcul fixé de manière précise.

Le voyagiste doit aussi répercuter la baisse des taux de change, des taxes et des carburants quand le contrat contient une clause d'indexation.

Demander une indemnisation pour retard d'avion

Quand utiliser ce modèle

Vous avez subi un retard de plusieurs heures lors d'un vol. Vous réclamez une indemnisation à la compagnie aérienne.

✉ *Recommandée avec avis de réception*

(*Nom*)
(*Adresse*)

(*Nom et adresse de la compagnie aérienne*)

Lettre recommandée avec avis de réception

Objet : indemnisation pour retard d'avion
Référence : (*référence du vol*)

Ville, date

Madame, Monsieur,

Je devais prendre l'avion sur votre compagnie, le (*date*), à (*heure du vol*), pour (*destination*). Or l'avion a décollé avec (*nombre d'heures*) de retard et a atterri avec 3 heures de retard.

Conformément au règlement européen n°261/2004 du 11 février 2004 et à l'arrêt de la CJUE du 19 novembre 2009 (Aff. C-402/07), je vous demande de bien vouloir m'indemniser à hauteur de (*montant de 250, 400 ou 600 € en fonction de la distance du vol*).

Je vous prie d'agréer, Madame, Monsieur, l'expression de mes salutations distinguées.

Signature

La règle juridique

Depuis le 17 février 2005, les passagers aériens des transporteurs européens (vols secs ou voyages organisés) sont mieux indemnisés en cas de refus d'embarquement ou d'annulation grâce à l'entrée en vigueur du règlement européen n°261/2004 du 11 février 2004. Les dispositions de ce texte ont été étendues au retard d'avion par la Cour de justice de l'Union européenne (CJUE). La CJUE a ainsi estimé dans une décision du 19 novembre 2009 (CJUE, 19 nov. 2009 – Aff. C-402/07) qu'un retard très important, au regard de l'heure d'arrivée prévue, devait s'analyser comme une annulation et ouvrait droit à indemnisation dans les mêmes conditions qu'une annulation de vol. La CJUE a confirmé cette position par une décision rendue le 23 octobre 2012. Elle précise toutefois que « les transporteurs aériens ne sont pas tenus au versement d'une indemnisation s'ils sont en mesure de prouver que l'annulation ou le retard important sont dus à des circonstances extraordinaires qui n'auraient pas pu être évitées même si toutes les mesures raisonnables avaient été prises, à savoir des circonstances qui échappent à la maîtrise effective du transporteur aérien » (CJUE, 23 octobre 2012, Aff. C-581/10 et C-629/10). En conséquence, si votre vol arrive avec plus de trois heures de retard, vous pouvez demander une indemnisation dont le montant dépend de la distance du vol.

L'heure d'arrivée effective d'un avion correspond au moment où au moins une porte de l'avion s'ouvre et où les passagers sont autorisés à quitter l'appareil (CJUE, 4 septembre 2014, Aff. C-452/13).

Dans l'Union européenne :
- jusqu'à 1 500 km : 250 € ;
- plus de 1 500 km : 400 €.

Entre un aéroport de l'Union européenne et un aéroport situé hors UE :
- jusqu'à 1 500 km : 250 € ;
- de 1 500 à 3 000 km : 400 € ;
- plus de 3 500 km : 600 €.

Si le transporteur propose un autre vol à un horaire similaire, l'indemnisation peut être réduite de moitié.

Le transporteur doit, en outre, offrir au voyageur bloqué à l'aéroport deux appels téléphoniques (ou fax, ou messages électroniques), des rafraîchissements, des repas et, le cas échéant, un hébergement à l'hôtel.

Si le transporteur aérien manque à ses obligations le passager aérien peut demander à être indemnisé de la totalité de son préjudice matériel et moral qu'il a subi sans application du plafond d'indemnisation. Le préjudice moral peut ainsi être indemnisé (CJUE, 13 octobre 2011, Aff. C-83/10).

Si vous avez plus de 5 heures de retard d'avion, vous avez le choix entre :
- demander le remboursement du prix du billet pour la partie du voyage non utilisée ou devenue inutile, à condition de demander ce remboursement dans un délai de 7 jours, ainsi qu'un vol retour, le cas échéant, à votre point de départ initial dans les meilleurs délais ;
- obtenir un vol vers votre destination finale dans des conditions de transport comparables, dans les meilleurs délais ;
- obtenir un autre vol vers votre destination finale dans des conditions de transport comparables, à une date ultérieure, que vous aurez choisie, sous réserve de disponibilités des sièges.

Le retard d'embarquement ne donne en principe pas droit à une indemnisation automatique.

Annuler une réservation de chambre d'hôtel

Quand utiliser ce modèle

Contraint de devoir assister à une réunion professionnelle, vous devez annuler la réservation de votre chambre d'hôtel.

(*Nom*)
(*Adresse*)

(*Nom et adresse de l'hôtel*)

Objet : annulation d'une réservation

Ville, date

Madame, Monsieur,

Le (*date*) j'ai réservé une chambre d'hôtel dans votre établissement pour (*nombre*) nuits, du (*date du début de séjour prévu*) au (*date de fin de séjour prévu*).

C'est avec regret que je vous informe que des obligations professionnelles me contraignent à annuler ce séjour.

Il est entendu que vous conserverez les arrhes versées.

En vous remerciant de votre compréhension, je vous prie d'agréer, Madame, Monsieur, l'expression de mes salutations distinguées.

Signature

La règle juridique

Les conditions d'annulation d'une réservation de chambre d'hôtel varient en fonction des hôtels. Soyez attentif au contrat de réservation : les conditions d'annulation fluctuent entre 1 et 8 jours avant l'arrivée. Dans ce cas, si vous annulez votre réservation dans les délais indiqués, l'hôtel s'affranchira d'aucun règlement ; les arrhes versées devront être remboursées.

En revanche, si les conditions d'annulation ne sont pas respectées, il est d'usage que l'hôtel prélève le montant de la première nuitée du séjour, mais la pénalité peut porter sur le séjour complet. L'hôtel doit clairement préciser ses conditions d'annulation dans le contrat.

Les conditions générales d'annulation et de non-présentation sont propres à chaque hôtel.

Porter réclamation pour des objets détériorés ou volés dans un hôtel

Quand utiliser ce modèle

Durant un séjour dans un hôtel, vous avez été victime d'un vol ou de la détérioration de l'un de vos effets personnels.

✉ *Recommandée avec avis de réception*

(*Nom*)
(*Adresse*)

(*Nom et adresse de l'hôtelier*)

Lettre recommandée avec avis de réception

Objet : réclamation pour objet détérioré ou volé

Ville, date

Madame, Monsieur,

J'ai résidé dans votre hôtel du (*date de début du séjour*) au (*date de fin du séjour*). Durant mon séjour, j'ai eu à déplorer le vol (ou la détérioration) de (*nom des objets volés ou détériorés*).

Je souhaite donc obtenir, conformément à l'article 1953 du Code civil, réparation du préjudice subi. Vous trouverez, à cet égard, en pièce jointe les renseignements concernant les objets volés (ou détériorés).

Dans l'attente d'obtenir une indemnisation, je vous prie d'agréer, Madame, Monsieur, l'expression de mes salutations distinguées.

Signature

PJ : justificatifs et renseignements à propos des objets volés ou détériorés

La règle juridique

En cas d'échec d'un règlement amiable du litige, adressez un courrier recommandé à l'hôtelier. En cas de perte ou de vol, la loi oblige l'hôtelier à vous rembourser à concurrence de 100 fois le prix de la nuit. Ce montant peut être supérieur si le préjudice que vous avez subi résulte d'une faute de l'hôtelier.

Réagir au vol d'un véhicule garé sur le parking d'un hôtel

Quand utiliser ce modèle

Vous vous êtes garé sur le parking de l'hôtel où vous avez réservé une chambre. Le lendemain matin, vous constatez que votre véhicule a été volé.

(*Nom*)
(*Adresse*)

(*Nom et adresse de l'hôtelier*)

Objet : vol d'un véhicule garé sur le parking d'un hôtel

Ville, date

Madame, Monsieur,

J'ai été client(e) de votre hôtel du (*date de début du séjour*) au (*date de fin du séjour*). Comme vous disposez d'un parking, j'ai cru bon d'y garer ma voiture quand je ne l'utilisais pas. Or, dans la nuit du (*date*), celle-ci a été volée.

Le parking étant une dépendance de l'hôtel, vous êtes responsable, en tant qu'hôtelier, du vol d'un véhicule qui y est stationné.

En conséquence, et conformément à la jurisprudence de la Cour de cassation, votre responsabilité est engagée et vous devez m'indemniser à hauteur de la valeur de l'argus de mon véhicule, soit (*montant*) €. Faute de quoi, je me verrai dans l'obligation de saisir le juge.

Je vous prie d'agréer, Madame, Monsieur, l'expression de mes salutations distinguées.

Signature

La règle juridique

Le Code civil prévoit l'hypothèse du vol de bagages ou d'objets apportés par les clients dans l'hôtel (article 1953 qui quantifie l'indemnisation à 100 fois le prix de la location du logement par nuit) et celle du vol d'objets laissés dans les véhicules des clients (article 1954 qui quantifie l'indemnisation à 50 fois le prix de la location du logement par nuit). Il ne prévoit pas, en revanche, l'hypothèse du vol du véhicule lui-même. La règle a donc été établie par la Cour de cassation : l'hôtelier est responsable de plein droit, en tant que dépositaire, du vol ou des dégradations survenus aux véhicules qui sont stationnés dans les dépendances de l'hôtel.

Cette responsabilité ne peut être écartée même si un panneau avertit les clients que le parking est « non gardé » ou même si le parking n'est pas clôturé.

Par précaution, déposez immédiatement plainte au commissariat de police ou à la gendarmerie. Prévenez ensuite votre assureur par lettre recommandée avec avis de réception en joignant le récépissé du dépôt de plainte. Si votre contrat d'assurance couvre le vol de véhicule, votre assurance vous indemnisera dans un premier temps et mettra en cause dans un second temps la responsabilité de l'hôtelier.

Attention, vous ne pouvez pas vous enrichir auprès de l'assurance, c'est-à-dire demander une double indemnisation auprès de l'assurance et de l'hôtelier.

Réagir à un vol d'objets dans un véhicule garé sur le parking d'un hôtel

Quand utiliser ce modèle

Vous avez garé votre véhicule sur le parking de l'hôtel où vous logez. Le matin, vous constatez que des objets laissés dans la voiture ont été volés. Vous vous retournez contre l'hôtelier.

✉ *Recommandée avec avis de réception*

(*Nom*)
(*Adresse*)

(*Nom et adresse de l'hôtelier*)

Lettre recommandée avec avis de réception

Objet : vol d'objets dans un véhicule garé sur le parking de l'hôtel

Ville, date

Madame, Monsieur,

Client de votre hôtel la nuit du (*date*), j'ai garé ma voiture sur votre parking, près de (*emplacement du véhicule*).

Or au matin, j'ai constaté que plusieurs objets que j'y avais laissés avaient disparu. Il s'agit de : (*décrire les objets volés*), d'une valeur de (*montant approximatif du vol*).

En tant qu'hôtelier, vous êtes responsable d'un vol commis dans un véhicule garé sur le parking dont vous êtes propriétaire, comme en dispose l'article 1954 du Code civil.

En conséquence, je vous demande de bien vouloir m'indemniser à hauteur de (*montant*) € (50 fois le prix de la chambre d'hôtel). Faute de quoi, je me verrai dans l'obligation de saisir le juge.

Je vous prie d'agréer, Madame, Monsieur, l'expression de mes salutations distinguées.

Signature

La règle juridique

L'hôtelier est responsable, en vertu de l'article 1954 du Code civil, du vol d'objets laissés dans un véhicule si ce dernier était stationné dans un lieu dont il a la « jouissance privative ». Par un arrêt du 22 février 2000, la Cour de cassation a considéré qu'avoir la jouissance privative d'un parking signifiait en être propriétaire.

Le fait que le parking ne soit pas clôturé n'est pas pris en considération.

En ce qui concerne l'indemnisation des objets volés dans un véhicule, elle est fixée à 50 fois le prix de la chambre par journée.

Porter réclamation à la mairie pour mauvaise tenue sanitaire d'un camping

Quand utiliser ce modèle

Mécontent(e) des conditions sanitaires du camping où vous avez séjourné cet été, vous adressez une lettre de réclamation au maire de la commune.

(*Nom*)
(*Adresse*)

Mairie de (*votre ville*)
(*Adresse*)

Objet : mauvaise tenue sanitaire d'un camping

Ville, date

Monsieur (ou Madame) le Maire,

Après avoir séjourné (*durée de votre séjour, en jours ou semaines*) au camping de (*nom du camping*), appartenant à la commune de (*nom de la commune*), entre le (*date du début du séjour*) et le (*date de fin du séjour*), je tiens à vous informer que les conditions sanitaires sur ce camping sont absolument déplorables.

En effet, les toilettes (ou salles de douche) sont dans un état de saleté (ou de vétusté ou de salubrité) inacceptable (*décrire l'état du camping*).

Ainsi, je n'ai pas pu profiter d'un séjour agréable et j'ai préféré écourter mon séjour. C'est la raison pour laquelle je vous demande, étant donné la réputation de la commune (ou du camping) de (*nom de la commune ou du camping*), de prendre les mesures nécessaires pour garantir la bonne tenue sanitaire de ce camping dans l'intérêt des vacanciers.

En vous en remerciant d'avance, je vous prie d'agréer, Monsieur (ou Madame) le Maire, l'expression de mes salutations distinguées.

Signature

PJ : photos prouvant la mauvaise tenue sanitaire du camping (éventuellement)

La règle juridique

Les campings sont gérés par les communes. Dès lors, il appartient à la commune de s'assurer que le camping est maintenu dans un bon état, en particulier dans un état sanitaire permettant l'accueil agréable des vacanciers. Si tel n'est pas le cas, vous pouvez écrire une lettre de réclamation soit à la mairie de la commune dans laquelle se trouve le camping où vous avez séjourné, soit à la Direction départementale des affaires sanitaires et sociales.

Porter réclamation pour perte de bagages

Quand utiliser ce modèle

Vous avez enregistré vos bagages à l'aéroport. Arrivé à destination, vous vous apercevez qu'ils ont disparu.

✉ *Recommandée avec avis de réception*

(*Nom*)
(*Adresse*)

(*Nom et adresse du transporteur*)

Lettre recommandée avec avis de réception

Objet : réclamation pour perte de bagages

Ville, date

Madame, Monsieur,

Le (*date*), à (*heure*), j'ai pris le train (ou autre mode de transport) pour (*lieu d'arrivée*).

J'avais fait enregistrer (*nombre*) bagage(s), dont (*nombre*) ont disparu.

Je souhaite être indemnisé du préjudice subi par la perte de mes bagages, pour lesquels j'avais souscrit une assurance complémentaire dont vous trouverez ci-joint l'attestation.

Je vous prie d'agréer, Madame, Monsieur, l'expression de mes salutations distinguées.

Signature

PJ : copie de l'attestation d'assurance complémentaire pour les bagages

La règle juridique

Sachez que les compagnies aériennes et la SNCF prévoient une limite de responsabilité. Vous ne serez donc indemnisé, en général, qu'en partie. Il faut toutefois savoir que la SNCF n'est pas responsable des bagages avec lesquels le passager voyage. Le montant des compensations financières proposées est précisé dans les conditions générales de transport. Un geste commercial peut également être proposé dans des circonstances particulières et exceptionnelles, à l'occasion d'une perturbation globale notamment.

Pour être remboursé, vous devez adresser à la SNCF une lettre recommandée dans les 3 jours suivant la perte.

Le plafond de responsabilité des compagnies aériennes est fixé à :

- 1 220 € par bagage (enregistré ou non) sans considération de poids pour une compagnie de l'Union européenne.
- 20 €/kg de bagage pour tout autre compagnie.

Vous devez faire des réserves immédiatement en cas de perte de vos bagages ou si ceux-ci sont détériorés. Vous bénéficiez toutefois d'un délai de 7 jours pour émettre des réserves lorsque la perte ou la détérioration de vos bagages n'est pas apparente.

Demander une indemnisation suite à un dommage subi dans un transport en commun

Quand utiliser ce modèle

Vous avez été blessé(e) lors d'un voyage en transport en commun (voyage en train, par exemple) ; vous réclamez une indemnisation.

✉ *Recommandée avec avis de réception*

(*Nom*)
(*Adresse*)

Service Relations Clients SNCF
62973 Arras Cedex 9

Lettre recommandée avec avis de réception

Objet : demande d'indemnisation suite à un dommage subi

Ville, date

Madame, Monsieur,

Le (*date du voyage*), dans le train n° (*numéro du train*), en partance de (*ville de départ*) et à destination de (*ville de destination*), j'ai été blessé(e) par (*décrire les circonstances de l'accident*).

Vous trouverez ci-joint mon billet de train ainsi que le certificat médical qui atteste de ma blessure.

Vous êtes responsable, en vertu de l'article 1218 du Code civil, de la sécurité des voyageurs qui empruntent vos lignes.

Je vous demande donc, par la présente, de m'indiquer rapidement de quelle manière vous comptez réparer le préjudice que j'ai subi. Faute de quoi, je me verrai dans l'obligation de saisir le Médiateur de la SNCF ou le juge.

Je vous prie d'agréer, Madame, Monsieur, l'expression de mes salutations distinguées.

Signature

PJ : copie de votre billet de train et de votre certificat médical

La règle juridique

Le transporteur est tenu à une obligation de sécurité de résultat consistant à transporter sains et saufs les voyageurs jusqu'à leur lieu de destination. Toutefois, cette obligation ne joue qu'à partir du moment où le voyageur dispose d'un titre de transport valable et n'est pas en situation irrégulière. À défaut, il revient à l'usager d'engager la responsabilité du transporteur sur la base d'une faute prouvée de la part de ce dernier.

Saisir le Médiateur de la SNCF

Quand utiliser ce modèle

Vous avez un litige avec la SNCF et malgré vos échanges de courriers avec le service clientèle, vous n'avez pas trouvé de solution amiable qui vous convienne. Vous pouvez alors saisir le Médiateur de la SNCF.

✉ *Recommandée avec avis de réception*

(*Nom*)
(*Adresse*)

Monsieur le Médiateur de la SNCF
Mobilités
TSA 37 701
59 973 TOURCOING CEDEX

Lettre recommandée avec avis de réception

Objet : demande d'intervention

Ville, date

Madame, Monsieur,

Ayant subi (*décrire les faits que vous reprochez à la SNCF, par exemple : retard, problème avec un agent de la SNCF, etc.*), j'ai commencé par écrire au service clientèle qui m'a répondu que (*réponse qui vous a été faite*). Vous trouverez ci-joint une photocopie de ces deux courriers.

Je conteste la position du service clientèle et je sollicite votre intervention afin qu'une solution soit trouvée à ce litige (*préciser la nature de votre réclamation*).

Je vous prie d'agréer, Madame, Monsieur, l'expression de mes salutations distinguées.

Signature

PJ : copie des courriers adressés au service clientèle de la SNCF

La règle juridique

Le Médiateur de la SNCF peut être saisi en cas de litige survenu à l'occasion d'un voyage, mais seulement après une tentative de règlement avec le service clientèle (ou un autre service SNCF) restée infructueuse. Le litige ne doit pas dater de plus d'un an. La saisine du Médiateur est gratuite.

Depuis le 1er janvier 2009, le Médiateur de la SNCF peut être saisi directement par le client. Ce dernier n'est plus obligé de s'adresser à une association de consommateurs pour le saisir. Il faut toutefois que le client ait épuisé l'ensemble des voies de recours au sein de la SNCF pour que sa saisine soit recevable.

Le Médiateur rend sa réponse dans un délai en principe de deux mois, 4 mois pour les dossiers les plus complexes.

Le Médiateur de la SNCF peut également être saisi en utilisant le téléservice disponible sur le site de la SNCF : www.mediateur.sncf.com

Si votre litige concerne un procès-verbal d'infraction, vous devez adresser votre courrier dans les 2 mois qui suivent la date du procès-verbal.

Annuler une location saisonnière

Quand utiliser ce modèle

De graves problèmes familiaux (ou professionnels) vous obligent à annuler la réservation de votre villa de vacances. Vous demandez au propriétaire de bien vouloir vous rembourser les arrhes versées

(*Nom*)
(*Adresse*)

(*Nom et adresse du bailleur*)

Objet : annulation d'une location saisonnière

Ville, date

Madame, Monsieur,

Par courrier en date du (*date du courrier*), j'ai réservé la location de votre logement sis au (*adresse de la location*), pour la période du (*date de début*) au (*date de fin*) prochain.

À ce titre, je vous ai adressé un chèque de (*montant*) €, correspondant au versement des arrhes.

Malheureusement, de graves problèmes familiaux (ou professionnels) m'obligent à annuler cette réservation.

Conformément à la réglementation, vous êtes, bien entendu, en droit de conserver la somme versée. Toutefois, compte tenu de la date de mon désistement qui vous laisse un délai important pour retrouver de nouveaux locataires, vous serait-il possible de me restituer les arrhes ?

Comptant sur votre compréhension, je vous remercie de me faire savoir si vous consentez à un tel arrangement.

Restant à votre disposition pour en discuter, je vous prie d'agréer, Madame, Monsieur, l'expression de mes salutations distinguées.

Signature

La règle juridique

Le locataire qui verse des arrhes peut toujours renoncer à la location. Mais cette liberté a un coût : il perdra alors les sommes versées. Rien ne vous empêche de demander au propriétaire de vous restituer une partie ou la totalité des arrhes, mais il n'est pas obligé de le faire.

Inversement, le propriétaire qui renonce à la location de son bien, doit, en application de l'article 1590 du Code civil, restituer le double du montant des arrhes versés par le locataire.

En revanche, le locataire qui a versé un acompte, à la conclusion du contrat de location doit s'acquitter du solde du prix de la location. L'acompte est un engagement ferme et définitif et correspond à une partie du prix de la location. Seul le cas de force majeure peut l'en exonérer.

Renseignez-vous sur la nature du versement effectué lors de la réservation. Faites-vous préciser s'il s'agit d'arrhes ou d'acompte. À défaut de précision, toute somme versée d'avance est présumée être des arrhes.

Réagir en cas de tromperie sur une location saisonnière

Quand utiliser ce modèle

Vous avez loué une résidence de vacances. Or, à votre arrivée sur les lieux, vous découvrez que la villa louée ne correspond pas à la description que vous en avait faite le propriétaire.

✉ *Recommandée avec avis de réception*

(*Nom*)
(*Adresse*)

(*Nom et adresse du bailleur*)

Objet : tromperie sur une location saisonnière

Ville, date

Madame, Monsieur,

Vous m'avez donné en location le (*date*) une maison qui correspondait, d'après l'annonce que vous avez fait paraître, aux caractéristiques suivantes : (*éléments figurant dans l'annonce*). Or, (*indiquer en quoi la réalité était différente*).

Je vous rappelle que l'article 1131 du Code civil relatif aux allégations mensongères sanctionne ces agissements. En conséquence, je vous prie de bien vouloir me rembourser le prix de la location et me verser un dédommagement de (*montant*) €.

Dans le cas contraire, je me verrai dans l'obligation de porter plainte.

Je vous prie d'agréer, Madame, Monsieur, l'expression de mes salutations distinguées.

Signature

La règle juridique

L'article 1131 du Code civil vous donne la possibilité de demander la nullité du contrat que vous avez conclu, si le propriétaire a manœuvré par des allégations mensongères ou erronées pour vous inciter à louer sa résidence. Si vous n'êtes pas resté dans les lieux pendant la durée prévue de la location ou si vous n'y avez demeuré que quelques jours, vous pourrez demander le remboursement des loyers versés et le paiement de dommages-intérêts pour le préjudice subi. En revanche, si vous êtes resté pendant toute la durée prévue au contrat, vous ne pourrez demander que des dommages-intérêts.

Afin d'éviter tous litiges sur la situation de la location, adressez au propriétaire un état descriptif des lieux.

Les litiges liés à la voiture

Mettre en demeure de retirer un véhicule garé sur sa propriété

Quand utiliser ce modèle

Lorsqu'un véhicule a été laissé sans droit sur une propriété privée, vous pouvez mettre en demeure le propriétaire de retirer son véhicule.

✉ *Recommandée avec avis de réception*

(*Nom*)
(*Adresse*)

(*Nom et adresse du propriétaire du véhicule*)

Lettre recommandée avec avis de réception

Objet : mise en demeure pour retirer un véhicule garé sur sa propriété

Ville, date

Madame, Monsieur,

Je vous signale que vous avez laissé en stationnement interdit sur une propriété privée, à savoir à (*préciser l'endroit où se trouve le véhicule*), le véhicule de marque (*marque du véhicule*), de couleur (*couleur*), de modèle (*modèle*) et immatriculé (*immatriculation du véhicule*).

Sauf erreur de ma part, ce véhicule vous appartient. Or, le fait de laisser un véhicule en stationnement sur une propriété privée sans autorisation constitue une violation du droit de propriété.

Par conséquent, je vous demande d'enlever votre véhicule de son emplacement actuel dans un délai de huit jours à compter de la réception de cette lettre. À défaut, je demanderai à un officier de police judiciaire d'ordonner le placement de votre véhicule en fourrière.

Je vous prie d'agréer, Madame, Monsieur, l'expression de mes salutations distinguées.

Signature

La règle juridique

Lorsqu'un individu a laissé son véhicule en stationnement sur votre propriété privée, sans autorisation, vous êtes en droit de demander l'enlèvement du véhicule. Pour cela, vous devez effectuer une demande de mise à la fourrière à l'officier de police judiciaire territorialement compétent. Toutefois, avant de procéder à la mise en fourrière, vous devez justifier avoir mis en demeure le propriétaire du véhicule de le retirer dans un délai de huit jours. Si vous ne connaissez pas l'identité du propriétaire du véhicule, celle-ci peut vous être communiquée par l'officier de police judiciaire.

Contester un enlèvement de véhicule par la fourrière

Quand utiliser ce modèle

Votre véhicule a été enlevé par la police et emmené à la fourrière. Vous souhaitez contester cet enlèvement qui vous paraît irrégulier.

(*Nom*)
(*Adresse*)

Tribunal de grande instance (*ville*)
(*Adresse*)

Objet : contestation d'un enlèvement de véhicule par la fourrière

Ville, date

Monsieur le procureur de la République,

Mon véhicule, immatriculé (*numéro d'immatriculation de votre véhicule*) a été enlevé par la police et emmené à la fourrière le (*date de mise à la fourrière*).

Le procès-verbal dressé le (*date du procès-verbal*) indique comme motif de la mise à la fourrière de mon véhicule la commission de l'infraction suivante : (*motif de la mise à la fourrière*).

Or, je souhaite contester ce motif pour les raisons suivantes : (*expliquer les raisons pour lesquelles vous pensez ne pas avoir commis d'infraction*).

Pour toutes ces raisons, je vous demande de prononcer la mainlevée de la mise à la fourrière.

Dans l'attente d'une réponse, je vous prie de croire, Monsieur le procureur de la République, à l'expression de mes salutations distinguées.

Signature

La règle juridique

Lorsque la police décide d'emmener votre véhicule à la fourrière, elle doit dresser un procès-verbal qui relate les circonstances et les conditions dans lesquelles cette mesure a été prise. Ce procès-verbal est ensuite transmis au procureur de la République et au préfet. Vous avez le droit de demander au procureur de la République de prononcer la mainlevée de la mise en fourrière.

Le propriétaire dont le véhicule a été mis en fourrière sur autorisation du procureur de la République et qui ensuite a fait l'objet d'une décision de relaxe peut demander le remboursement, au titre des frais de justice, des frais de fourrière dont il s'est acquittés. La décision de relaxe doit être définitive et la demande doit être faite au procureur de la République.

Demander la réparation d'un véhicule endommagé par le personnel de la fourrière

Quand utiliser ce modèle

Votre véhicule a été emmené par la police à la fourrière et, en allant le chercher, vous vous apercevez qu'il a été endommagé. Si vous pensez que ces dommages ont été causés par le personnel de la fourrière, vous pouvez alors faire une demande de réparation de votre véhicule.

(*Nom*)
(*Adresse*)

Mairie ou préfecture de (*ville*)
(*Adresse*)

Objet : demande de réparation d'un véhicule endommagé par le personnel de la fourrière

Ville, date

Monsieur le Maire (ou Monsieur le Préfet),

Mon véhicule, immatriculé (*numéro de l'immatriculation*) a fait l'objet d'une mise à la fourrière le (*date de mise à la fourrière*) à (*lieu de la fourrière*).

En venant récupérer mon véhicule, j'ai constaté qu'il comportait des dégâts qui ne figurent pas sur le constat du véhicule dressé par l'officier de police judiciaire avant sa mise à la fourrière. Voici le détail de ces dégâts : (*préciser la nature des dégâts*).

L'ensemble de ces dégâts a pu être constaté par le personnel de la fourrière, comme en atteste le certificat de constatation des dégâts ci-joint (joindre une copie du certificat de constatation des dégâts dressé par le personnel de la fourrière).

Le personnel de la fourrière est à mon avis responsable de ce dommage. Ainsi, je vous demande réparation du préjudice subi.

Dans l'espoir d'obtenir une réponse favorable de votre part, je vous prie de croire, Monsieur le Maire (ou Monsieur le Préfet), à l'expression de mes salutations distinguées.

Signature

PJ :
– copie du constat dressé par l'officier de police judiciaire avant la mise à la fourrière
– copie du constat dressé par le personnel de la fourrière

Vous devez impérativement joindre à votre lettre une copie du constat dressé par l'officier de police judiciaire avant la mise à la fourrière, ainsi qu'une copie du constat dressé par le personnel de la fourrière.

La règle juridique

Lorsque votre véhicule a été emmené à la fourrière, il est placé sous la responsabilité d'un gardien de la fourrière. Ce gardien est désigné par une autorité publique (généralement le préfet ou le maire).

Si, au moment de reprendre votre véhicule, vous vous apercevez qu'il présente des dégâts qui n'étaient pas présents avant la mise à la fourrière et qui ne figurent pas sur le constat du véhicule dressé par l'officier de police judiciaire, vous devez alors demander au personnel de la fourrière de constater ces dégâts en dressant un certificat de constat. Vous pouvez ensuite demander à la collectivité territoriale dans le ressort de laquelle se situe la fourrière de réparer le dommage subi.

Contester des réparations faites sur un véhicule

Quand utiliser ce modèle

Vous avez payé un garagiste pour effectuer des réparations sur votre véhicule. Or, quelques jours plus tard, vous constatez les mêmes anomalies.

(*Nom*)
(*Adresse*)

(*Nom et adresse du garagiste*)

Objet : contestation des réparations faites sur un véhicule

Ville, date

Madame, Monsieur,

Je vous ai le (*date*) confié un véhicule pour effectuer (*nature des réparations demandées*).

Après avoir pris possession de mon véhicule, j'ai réglé la facture s'élevant à (*montant*). Néanmoins, j'ai pu constater que les anomalies affectant ma voiture se reproduisaient.

Je vous rappelle que vous êtes tenu à une obligation de résultat (Cour de cassation, 1re chambre civile, 22 juin 1983, Bull. civ. I, n° 181, Cour de cassation, 1re chambre civile, 4 mai 2012 n° 11-13598) dans le cadre de l'exécution du contrat qui nous lie. Je vous prie donc de bien vouloir reprendre le véhicule afin de le réparer gratuitement ou, à défaut, je souhaite que vous me restituiez le prix.

Dans l'hypothèse où je n'obtiendrais pas satisfaction, je me verrais dans l'obligation de saisir le tribunal compétent et demander des dommages-intérêts.

Je vous prie d'agréer, Madame, Monsieur, l'expression de mes salutations distinguées.

Signature

La règle juridique

La jurisprudence considère que le garagiste est tenu à une obligation de résultat (Cour de cassation, 1re chambre civile, 22 juin 1983, Bull. civ. I, n° 181, Cour de cassation, 1re chambre civile, 4 mai 2012 n° 11-13598). Aussi, si la même panne se reproduit après les réparations, vous êtes en droit de mettre en demeure le garagiste de remettre gratuitement le véhicule en état. S'il refuse, saisissez la juridiction de proximité si le montant du litige n'excède pas 4 000 €, le tribunal d'instance jusqu'à 10 000 €, pour obtenir le remboursement de la somme que vous avez versée et des dommages-intérêts.

Contester un dépassement de devis sur un véhicule

Quand utiliser ce modèle

Vous avez accepté et signé un devis correspondant à un ensemble de réparations à effectuer sur votre véhicule. Or une fois les réparations faites, le garagiste vous réclame une somme qui dépasse celle prévue dans le devis.

✉ *Recommandée avec avis de réception*

(*Nom*)
(*Adresse*)

(*Nom et adresse du garagiste*)

Lettre recommandée avec avis de réception

Objet : contestation d'un dépassement de devis sur un véhicule

Ville, date

Madame, Monsieur,

Je vous ai confié mon véhicule (*marque et le modèle*), immatriculé (*n° de la plaque d'immatriculation*), le (*date*) afin que vous réalisiez les réparations prévues et chiffrées dans le devis du (*date du devis*) dont vous trouverez une photocopie ci-jointe.

Or, une fois les réparations effectuées, vous m'avez présenté une facture faisant apparaître une somme nettement plus élevée que celle qui était prévue dans le devis.

Étant donné que je ne vous ai demandé aucun travail supplémentaire ni accepté aucun dépassement de devis, ni par écrit ni oralement, je vous mets en demeure de me renvoyer une facture correspondant au montant figurant au devis, soit la somme de (*montant*) €, dans les plus brefs délais. Faute de quoi, je me verrai dans l'obligation de saisir le juge.

Je vous prie d'agréer, Madame, Monsieur, l'expression de mes salutations distinguées.

Signature

PJ : devis du garagiste

La règle juridique

Les garagistes ont l'obligation d'informer les consommateurs sur la nature et le coût des opérations d'entretien ou des réparations nécessaires. Cette information prend le plus souvent la forme d'un devis ou d'un ordre de réparation, qui, quand il est accepté par le consommateur, engage le garagiste et son client. En effet, aucune facturation au-delà de la somme figurant sur le devis ne peut être présentée au client. Un devis accepté et signé par le professionnel et le consommateur a la même valeur qu'un contrat.

Contester un P.-V.

Quand utiliser ce modèle

Vous avez reçu un avis de contravention vous enjoignant de payer une amende forfaitaire. Vous contestez la réalité de l'infraction, vous faites une requête en exonération.

✉ *Recommandée avec avis de réception*

(*Nom*)
(*Adresse*)

Ministère public, Tribunal de Grande Instance de *(ville)*

Lettre recommandée avec avis de réception

Objet : contestation d'un P.V.

Ville, date

Madame, Monsieur,

En réponse à l'avis de contravention reçu le (*date de réception de l'avis de contravention*) pour une infraction au Code de la route réalisée à (*lieu où l'infraction a été commise*) le (*date de la commission de l'infraction*) à (*heure de la commission de l'infraction*), pour le motif suivant (*généralement, excès de vitesse pour une infraction constatée par un radar automatique*), je tiens à vous informer que je souhaite contester cette infraction.

(*Voici deux exemples de motifs de contestation*)

En effet, le (*date de commission de l'infraction*) à (*heure de commission de l'infraction*), je n'étais pas sur le lieu de commission de l'infraction mais à (*endroit où vous vous trouviez au moment de la commission de l'infraction, preuve à l'appui*).

Ou

En effet, le numéro d'immatriculation mentionné sur l'avis de contravention ne correspond pas au numéro d'immatriculation de mon véhicule (*numéro d'immatriculation*). Je demande donc à recevoir une copie de la photographie prise par le radar automatique afin de vérifier le numéro d'immatriculation.

Vous trouverez ci-joint le formulaire de requête en exonération dûment rempli.

Je vous prie d'agréer, Madame, Monsieur, l'expression de mes salutations distinguées.

Signature

PJ : formulaire de requête en exonération dûment rempli

La règle juridique

La procédure de l'amende forfaitaire s'applique aux contraventions des cinq classes du Code de la route, à la réglementation des parcs nationaux, aux dispositions relatives à l'assurance obligatoire prévues par le code des assurances et aux bruits de voisinage.

Cette procédure est utilisée le plus souvent pour sanctionner un automobiliste qui ne respecte pas les limitations de vitesse, infraction constatée par un radar automatique.

Vous devez, en principe, payer l'amende dans un délai de 45 jours (+ 15 jours si vous réglez l'amende par télépaiement ou timbre dématérialisé) à compter de la constatation de l'infraction ou de l'envoi de l'avis de contravention.

Deux situations peuvent alors se présenter :

- vous ne payez pas et ne contestez pas dans le délai de 45 jours : l'amende forfaitaire est automatiquement majorée et recouvrée par le Trésor public. Vous recevrez alors un avertissement vous demandant de payer. Vous disposerez de 10 jours pour adresser au procureur de la République une lettre de contestation, en y joignant l'avertissement ;
- vous contestez dans le délai de 45 jours : vous devez alors envoyer une lettre de contestation, en utilisant le formulaire joint à l'avis d'amende forfaitaire, à l'adresse indiquée sur l'avis de contravention. Cette lettre sera transmise à l'officier du Ministère public qui décidera soit de classer l'affaire, soit de poursuivre. Dans le premier cas vous pouvez être convoqué devant la juridiction de proximité ou le tribunal de police ou faire l'objet de la procédure simplifiée de l'ordonnance pénale. Par le biais de cette procédure, le juge pourra rendre une décision de relaxe ou une ordonnance vous condamnant à payer une amende. S'il vous condamne, vous pourrez, dans le délai de 30 jours à compter de la notification de la décision, payer l'amende ou demander d'être jugé selon la procédure normale.

Dans le deuxième cas de figure, en cas de contestation, vous aurez à verser une consignation dont le montant figure sur l'avis de contravention. À défaut votre requête sera déclarée irrecevable. Toutefois la consignation n'est pas obligatoire dans deux hypothèses : si votre véhicule a été volé ou détruit avant la date de l'infraction, ou si une autre personne conduisait le véhicule au moment des faits.

Le montant de la consignation vous sera remboursé par un comptable du Trésor public soit lorsque la contravention est classée sans suite par l'officier du Ministère public chargé d'examiner le bien-fondé de la requête, soit si le juge, saisi par l'officier du Ministère public, prononce la relaxe.

Si vous payez dans les 15 jours suivant la date d'envoi de l'avis de contravention, son montant est minoré. De même si vous payez dans les 30 jours qui suivent la date d'envoi de l'avis de majoration, le montant de votre amende majorée pour paiement tardif fait l'objet d'une diminution de 20 %.

La contestation peut être portée à la connaissance de l'officier du Ministère public directement en ligne :

www.antai.gouv.fr/fr/rubriquepage/13/avisdecontravention/formulairedecontestationen ligne:aideavotredemarche.

Demander l'exonération d'une majoration d'amende de radar automatique suite à un problème de changement d'adresse

Quand utiliser ce modèle

Vous avez reçu un avis vous invitant à payer une amende forfaitaire majorée pour une contravention pour excès de vitesse que vous n'avez jamais reçue car vous avez entre-temps changé d'adresse et que vous n'aviez pas encore modifié votre certificat d'immatriculation (ancienne carte grise). Vous avez été mis en demeure par huissier sans avoir reçu préalablement l'avertissement d'amende.

(*Nom*)
(*Adresse*)

Trésorerie du contrôle automatisé
CS 81239
35012 Rennes Cedex

Objet : demande d'annulation de majoration
Référence de la contravention : *(numéro de dossier)*

Ville, date

Madame, Monsieur, l'officier du Ministère public,

Le (*date à laquelle vous avez reçu l'avis*), j'ai reçu un avis me demandant de payer une amende majorée d'un montant de (*valeur de l'amende*) € avant le (*date limite pour payer l'amende*). Cet avis m'indique qu'un procès-verbal m'a été dressé le (*date à laquelle le P.-V. a été dressé*) pour (*motif de l'infraction*).

Je ne conteste aucunement cette infraction. Cependant, je m'oppose au paiement de la majoration de l'amende pour la raison suivante : ayant déménagé, je n'ai jamais reçu d'avis de contravention. De fait, je n'ai pu m'acquitter du paiement de l'amende forfaitaire. J'ai pourtant procédé à la modification de mon certificat d'immatriculation dans les délais légaux soit moins d'un mois après mon déménagement. À l'appui de ma demande, veuillez trouver ci-joint les documents attestant de ma bonne foi (copie du certificat d'immatriculation avec mention de la date de mon changement d'adresse).

J'espère que vous prendrez en considération cette demande et je vous remercie d'avance pour votre indulgence.

Dans l'attente d'une réponse de votre part, je vous prie d'agréer, Madame, Monsieur, l'officier du Ministère public, l'expression de mes salutations distinguées.

Signature

PJ : certificat d'immatriculation modifié, autres justificatifs éventuels

La règle juridique

La loi du 9 mars 2004, dite loi Perben II, permet de supprimer la majoration d'amende lorsqu'une personne a reçu un titre exécutoire d'amende forfaitaire majorée alors qu'elle a déclaré moins d'un mois après son déménagement sa nouvelle adresse auprès de la préfecture de son nouveau domicile.

L'avis de paiement de l'amende forfaitaire majorée est envoyé en fonction de l'adresse figurant sur le Fichier national des immatriculations (FNI). Si le redevable ne signale aucun changement d'adresse, il ne pourra recevoir l'avertissement d'amende, sauf à avoir procédé au transfert d'adresse auprès de La Poste. Dans tous les cas, en cas de changement de domicile ou d'établissement d'affectation, même provisoire, vous devez faire modifier l'adresse sur le certificat d'immatriculation dans le délai d'un mois (article R. 322-7 du Code de la route).

Vous devez impérativement joindre l'avis reçu à votre réclamation.

À noter que cette procédure n'est applicable que pour les seules contraventions constatées sans interception du véhicule, et lorsque l'avis d'amende forfaitaire majorée est envoyé par lettre recommandée au titulaire du certificat d'immatriculation.

La lettre recommandée envoyée à l'adresse figurant sur le certificat d'immatriculation du véhicule fait courir un délai de trois mois au-delà duquel la réclamation n'est plus recevable, sauf « si le contrevenant justifie qu'il a, avant l'expiration de ce délai, déclaré son changement d'adresse au service d'immatriculation des véhicules ».

Réagir en cas de suspension du permis de conduire : faire un recours gracieux

Quand utiliser ce modèle

À la suite d'une infraction au Code de la route, votre permis a été suspendu par le préfet. Cette suspension nuit à vos activités professionnelles pour lesquelles vous avez besoin d'un véhicule. Vous avez la possibilité de déposer un recours gracieux contre l'arrêté de suspension du permis

(*Nom*)
(*Adresse*)

Préfecture de (*ville*)
(*Adresse*)

Objet : suspension du permis de conduire

Ville, date

Monsieur le Préfet,

Je m'adresse à vous pour solliciter le retrait de l'arrêté de suspension de mon permis de conduire intervenu le (*date*).

Je ne viens nullement contester la réalité de l'infraction commise. Cependant, je voudrais que vous preniez en compte les éléments suivants (*expliquer les circonstances de l'infraction qui vous sont favorables comme une urgence, ou encore motiver le fait que votre voiture est absolument indispensable à votre travail, si besoin en fournissant des attestations de votre employeur, par exemple*).

J'aimerais qu'en tenant compte de ces éléments vous puissiez rendre une décision qui m'est favorable.

En vous remerciant dès à présent de votre obligeance, je vous prie d'agréer, Monsieur le Préfet, l'expression de mes sentiments distingués.

Signature

La règle juridique

Le permis peut faire l'objet, dans un premier temps, d'une suspension administrative et, dans un second temps, d'une suspension judiciaire.

Le P.-V. d'infraction est transmis au préfet ; celui-ci peut décider de classer sans suite (dans l'attente du jugement), de prononcer un avertissement ou encore de suspendre le permis de conduire pendant une durée maximale de 6 mois.

La suspension administrative du permis de conduire est facultative.

Lorsque cette suspension intervient, elle n'a d'effet que jusqu'au jugement rendu par le tribunal (procédure de suspension judiciaire).

Contester un retrait de points sur votre permis de conduire

Quand utiliser ce modèle

Vous avez reçu un avis de perte de points sur votre permis de conduire alors que vous n'avez réglé aucune amende jusque-là. Vous contestez ce retrait et demandez la restitution de vos points.

✉ *Recommandée avec avis de réception*

(*Nom*)
(*Adresse*)

Fichier national des permis de conduire
(*Adresse*)

Lettre recommandée avec avis de réception

Objet : contestation un retrait de points sur votre permis de conduire
Référence : n° (*numéro du permis de conduire*)

Ville, date

Madame, Monsieur,

Je viens de recevoir un avis de perte des points alors que je n'ai pas encore payé l'amende forfaitaire. Or, selon l'article L. 223-1 du Code de la route, la réalité d'une infraction pouvant entraîner la perte de points est établie par le paiement d'une amende forfaitaire majorée, l'émission du titre exécutoire de l'amende forfaitaire, l'exécution d'une composition pénale ou par une condamnation définitive.

Je considère donc que l'intervention du retrait des points est a priori illégale et vous demande de bien vouloir me restituer les points que vous m'avez retirés. À défaut, je me verrais contraint(e) de former un recours devant le tribunal administratif compétent.

Je vous prie d'agréer, Madame, Monsieur, l'expression de mes salutations distinguées.

Signature

La règle juridique

Le nombre de points d'un permis de conduire ne peut être réduit que lorsque la réalité de l'infraction est établie. Pour que l'infraction soit établie, il faut notamment, avoir payé l'amende, ou avoir reçu l'avis de l'amende forfaitaire majoré.

À noter que la contestation d'un retrait de points n'annule pas l'infraction (excès de vitesse, défaut de port de la ceinture de sécurité, non-respect des distances de sécurité...) et ne remet donc pas en cause la validité du PV.

N.B. : Par PV, il peut vous être enlevé au maximum 6 points pour une infraction et 8 points lorsque sont soulevées plusieurs infractions simultanées.

ADRESSES UTILES

Les associations nationales

ALLDC – Association Léo-Lagrange pour la défense des consommateurs
150, rue des Poissonniers 75883 Paris Cedex 18
Tél. : 01 53 09 00 29
www.leolagrange-conso.org

CLCV – Confédération de la consommation, du logement et du cadre de vie
59, bd Exelmans 75016 Paris
Tél. : 01 56 54 32 10
www.clcv.org

FF – Familles de Frances
28, Place St Georges 75009 Paris
Tél. : 01 44 53 45 90
www.familles-de-france.org

FR – Familles rurales
7, cité d'Antin 75009 Paris
Tél. : 01 44 91 88 88
www.famillesrurales.org

ORGECO Grand Paris – Organisation générale des consommateurs
3, rue Tourneux 75012 PARIS
Tél. : 01 44 75 53 68
www.orgeco-grandparis.fr

UFC – Que choisir
Union fédérale des consommateurs
233, boulevard Voltaire 75011 Paris
Tél. : 01 43 48 55 48
www.quechoisir.org

UNAF – Union nationale des associations familiales
28 place saint Georges 75009 Paris
Tél. : 01 49 95 36 00
www.unaf.fr

Les associations ayant un objet spécifique

AFUTT – Association française des utilisateurs de télécommunications
17, rue de l'Amiral Hamelin 75016 Paris
Tél. : 01 47 27 72 70
http://afutt.org

E-litige.com – Association de consommateurs ayant pour objet d'aider les internautes à résoudre les litiges de consommation
1, Place Robert Schuman 57330 Hettange-Grande
www.e-litige.com/index.php

Les organismes professionnels

ARPP – Autorité de la régulation professionnelle de la publicité
23, rue Auguste Vacquerie 75116 Paris
Tél. : 01 40 15 15 40
www.arpp-pub.org

ARCEP – Autorité de régulation des communications électroniques et des postes
7, Square Max Hymans 75730 Paris Cedex 15
Tél. : 01 40 47 70 00
www.arcep.fr

FEVAD – Fédération d'e-commerce et de la vente à distance
60, rue La Boétie 75008 Paris
Tél. : 01 42 56 38 86
www.fevad.com
Fédération de la vente directe
100, avenue du Président Kennedy 75016 Paris
Tél. : 01 42 15 30 00
www.fvd.fr

Union française du marketing direct
60, rue La Boétie 75008 Paris
Tél. : 01 42 56 38 86
www.ufmd.org

Les organismes publics ou parapublics

Commission de la sécurité des consommateurs
59, Boulevard Vincent Auriol – Télédoc 000 75703 Paris Cedex 13
Tél. : 01 44 97 32 08
www.securiteconso.org

DGCCRF – Direction générale de la concurrence, de la consommation et de la répression des fraudes
59, bd Vincent Auriol – Télédoc 042 75013 Paris Cedex 13
Tél. : 01 44 87 17 17
www.economie.gouv.fr/dgccrf

INC – Institut national de la consommation
18, rue Tiphaine 75015 Paris
Tél. : 01 45 77 14 36
www.conso.net
www.60millions-mag.com

Index